团队建设篇
中层领导力

要有更强的领导力，就要培养人来完全取代你

[美] 约翰·C. 马克斯维尔 著

张树燕 译

DEVELOPING THE LEADERS
HOW TO HELP OTHERS REACH THEIR FULL POTENTIAL
AROUND YOU

文汇出版社

图书在版编目（CIP）数据

中层领导力. 团队建设篇／（美）约翰·C. 马克斯维尔著；张树燕译. -- 上海：文汇出版社，2017.5
ISBN 978-7-5496-2092-0

Ⅰ. ①中… Ⅱ. ①约… ②张… Ⅲ. ①领导学 Ⅳ. ①C933

中国版本图书馆CIP数据核字（2017）第096139号

Developing the Leaders Around You: How to Help Others Reach Their Full Potential by John C. Maxwell
Copyright © 1995 by Maxwell Motivation, Inc.
This Licensed Work published under license.
Simplified Chinese translation copyright 2017 by Shanghai Dook Publishing Co., Ltd.
This translation published by arrangement with Thomas Nelson Inc. through The Artemis Agency.
All Rights Reserved.

版权登记号 图字：09-2017-249

中层领导力：团队建设篇

作　　者 /	【美】约翰·C. 马克斯维尔
译　　者 /	张树燕
责任编辑 /	戴　铮
特邀编辑 /	王韵霏　姜一鸣
封面装帧 /	陈艳丽
出版发行 /	文汇出版社 上海市威海路755号 （邮政编码200041）
经　　销 /	全国新华书店
印刷装订 /	三河市龙大印装有限公司
版　　次 /	2017年6月第1版
印　　次 /	2017年6月第1次印刷
开　　本 /	710mm×1000mm　1/16
字　　数 /	164千字
印　　张 /	13.25

ISBN 978-7-5496-2092-0

定　　价 / 38.00元

侵权必究
装订质量问题，请致电010-85866447（免费更换，邮寄到付）

谨以此书献给以下助我成长的人：

我的弟弟，拉里·马克斯维尔（Larry Maxwell），鼓励我在精神上成长；

我的主日学校的老师，格伦·莱瑟伍德（Glenn Leatherwood），增进我对上帝的了解；

我的高中篮球教练，唐·内夫（Don Neff），坚定我坚持胜利的信念；

我的朋友，牧师，埃尔默·汤斯（Elmer Towns），激发我挖掘自己潜力的渴望；

我的父亲、我的人生导师，梅尔文·马克斯维尔（Melvin Maxwell），没有他的悉心栽培，今天的我不可能成为一位领导者。

目 录

第一章 领导者的关键问题：

是否提升了潜在的领导者 / 1

为什么领导者须要培育新的领导者 / 3

第二章 领导者最严峻的挑战：

为潜在的领导者创建环境 / 15

领导者必须是环境变革的推动者 / 16

关于个人成长的承诺问题 / 30

关于企业发展的问题 / 31

第三章 领导者的主要责任：甄别潜在领导者 / 34

挑选优异的"球员" / 35

现有领导才能评估表（针对潜在领导者）/ 38

领导者应具备的素养 / 44

第四章 领导者的关键任务：培育潜在领导者 / 56

为你自己选择一个领导者典范 / 58

指导关系的准则 / 60

构建信任 / 62

展示透明度 / 64

付出时间 / 65

相信他人 / 66

给予鼓励 / 67

展现连贯性 / 68

满怀希冀 / 70

添加意义 / 71

提供安全保障 / 74

奖励成果 / 75

建立保障体系 / 78

辨别并使潜在领导者的旅程个人化 / 81

第五章 领导者的日常要求：补给潜在领导者 / 84

补给过程中的问题 / 87

如何补给团队，走向卓越 / 92

第六章 领导者的终生承诺：发展潜在领导者 / 107

提出三个关于动力的问题 / 109

做一位良好的聆听者 / 111

为个人成长制订计划 / 112

个人成长的实际步骤 / 113

保持成长 / 116

通过四个阶段来适应事物 / 118

遵从"想法" / 119

让他们获得丰富的经验 / 120

追求卓越 / 121

实现效率定律 / 122

勇于面对问题 / 124

做出艰难决策 / 127

个人要有安全感 / 130

第七章 领导者的最高回报：

塑造领导者的优秀团队 / 131

优秀团队的共同品质 / 133

第八章 领导者的最大乐趣：

指导领导者的"梦之队" / 145

"梦之队"教练应具备的素质 / 146

授权："梦之队"教练最有力的工具 / 162

关于授权的错误看法 / 167

如何更好地指导你的团队 / 170

第九章 领导者的光辉时刻：互增价值 / 172

为新领导者增加价值 / 173

我培育的领导者为我增值 / 180

第十章 领导者的不朽贡献：造就下一代领导者 / 186

潜在领导者的特征 / 188

跟随者变成领导者 / 190

管理者变成领导者 / 193

改变领导风格的领导者 / 197

优秀的领导者变成伟大的领导者 / 200

第一章
领导者的关键问题：
是否提升了潜在的领导者

一天深夜，我工作到很晚才结束。我拿起了一份《体育画报》（Sports Illustrated），希望它能帮助我入睡。但其封面广告——约翰·伍登（John Wooden）的特写照片，却引起了我的注意。约翰·伍登曾担任加利福尼亚大学洛杉矶分校棕熊队（UCLA Bruins）的篮球教练多年。这则广告的下面标注着："扣篮的这个家伙有十只手。"

伟大的篮球教练约翰·伍登曾被称作"威斯特伍德的怪才"。在任教的12年间，他不仅为加利福尼亚大学洛杉矶分校赢得了10次全国篮球赛冠军，而且让棕熊队取得了"七连冠"的佳绩。这样的成绩需要队员在赛场上始终发挥高超的技术，需要优秀教练的指导和队员平日里的刻苦训练。然而，棕熊队取得成功的关键在于，教练伍登坚定不屈的团队合作信念。

他知道，如果要审视他人，从这些人中培养出领导者，就必须：（1）欣赏他们的自身价值；（2）坚信他们能尽力做到最好；（3）称赞他们的成就；（4）承担作为他们的领导者的责任。

教练贝尔·布赖恩特（Bear Bryant）也表达了同样的观点：

> 我虽然只是一个来自阿肯色州的农夫，但我却学会了怎样将一个团队聚集在一起——怎样激励一部分人，怎样

让另一部分人冷静，直到他们最后团结一致，真正地成为一个团体。我总在说三句话："如果任何事情都进展不顺，那是我的责任；如果事情进展一般，那是我们的责任；如果事情进展得非常好，那就是你们的功劳。"这就是让人们取得成功所需的一切。

贝尔·布赖恩特赢得比赛的同时也赢得了人心，并获得了"大学橄榄球史上领队获胜次数（323次）最多的教练"的殊荣。

伟大的领导者——到达顶峰的成功人士中的1%——都有这样一个共同之处，他们明白获取并留住优秀人才是领导者最重要的任务。一个企业无法增加产值，但人可以！任何企业中真正有价值的资产是人才。制度会过时，建筑会腐蚀，机器会磨损，唯有人才能够成长、发展并变得更有效率，只要他们拥有一位能了解他们潜能价值的领导者。

获取并留住优秀人才是领导者最重要的任务。

归根结底，此书的主旨就是——你无法独立完成工作。如果你真的希望成为成功的领导者，你必须要建立自己的团队。你须要找到一种让你的愿景得到他人认同的方法，并付诸实践，努力投入，做出贡献。领导者规划出伟大的蓝图，但也需要其他领导者将其心中的蓝图变为现实。

大多数领导者身边都有其跟随者。他们认为，领导力的关键之处在于获得更多的跟随者。只有少数领导者被其他领导者所簇拥，才能为他们的企业带来最大的价值。这不仅减轻了他们的负担，而且还让他们的愿景得到了实施和扩展。

为什么领导者须要培育新的领导者

使其他领导者簇拥在你周围的关键在于找到更优秀的人才,然后培养他们成为最杰出的领导者。伟大的领导者能培养其他领导者,让我来告诉你这是为什么。

与领导者最接近的人将决定领导者取得成功的高度

在研习领导力的40多年里,我学习到的最伟大的领导力准则就是:与领导者最接近的人将决定领导者取得成功的高度。反之亦是如此,最接近领导者的人也同样决定这位领导者的失败程度。换言之,即接近于我的人将"成就我或摧毁我"。我的领导力水平所带来的消极或积极结果不仅取决于作为领导者的我能否培养周围人的能力,而且还依赖于能否识别他人为我的企业带来巨大价值的能力。我的目标并非是吸引追随者簇拥成一团,而是要发展和培养领导者,使他们形成一种"势头"。

停下来想一想,企业中最接近于你的五六个人。你在培养他们吗?你是否为他们制订了相应的计划?他们是否在提高?他们能否为你分忧解难、分担重任?

我的企业中一直在不断强调领导力的发展。在第一堂培训课上,我给新领导者们提出了以下原则:作为一个潜在领导者,你可能是企业的资本,也可能是企业的负担。以下是我对此原则的阐述:"当企业内出现问题时,如'火灾',作为领导者,你应该第一时间到达现场,而且手上要带着两只桶,一只桶装水,另一只桶装油。你面前的大火不是因为你浇上汽油而爆炸,就是因为你浇水后而熄灭。"

企业中的每一位员工同样都带有两只桶。领导者须要回答的问题是:"我是否在培养他们如何使用手中的水或油?"

企业的发展潜力与员工个人的发展息息相关

开展领导力研讨会时,我经常说这样一句话:"若领导者成长,企业亦能成长。"企业的发展离不开领导者的成长。

若领导者成长,企业亦能成长。

我经常因某些企业将大量资金、精力和营销战略集中于无法增值的领域而感到吃惊。员工未受到顾客服务的培训,为何要宣传顾客至上?当客户光临时,他们会很明显地感受到培训后的员工和未培训的员工所提供的服务上的差异。虽有华而不实的小册子和朗朗上口的口号,却无法掩盖不够称职的领导者。

1981年,我荣升为加利福尼亚州圣地亚哥地平线卫斯理教会(Skyline Wesleyan Church)的资深牧师。1969~1981年期间,此教会每年平均只有1000名教徒参加集会,显然没有任何发展前景。当我担起领导者的责任时,所面临的第一个问题便是"为什么教会的发展停滞不前"。为了寻找答案,我召开了第一次员工大会,并做了主题演讲——《领导力的界限》。我的论点是:"领导者决定企业的水平。"我在白板上画了一条线,标上数字"1000",并告诉所有员工我与他们的想法相同:在过去的13年里,平均每年参加集会的人数仅有1000个人。我知道，员工可以有效地领导这1000个人。但我不了解的是，他们是否也可以领导2000个人。因此，我又画出一条虚线，标上数字"2000"，并在两条线间标注出问号。随后，再画出一个从底下的数字"1000"指向上面的数字"2000"的箭头，并标出"改变"两个字。

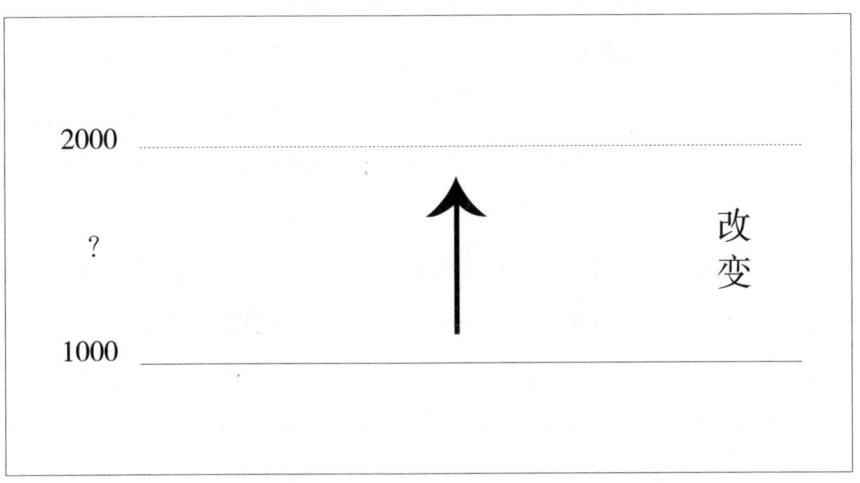

培养他们并帮助他们做出必要的改变来达到我们的新目标，这就是我的责任。当领导者做出积极的改变时，企业的发展也会随之而至。现在，我须帮助他们改变自己，否则只有雇用其他员工来接替他们才能让他们有所改变。

1981～1995年，我在圣地亚哥地平线卫斯理教会做过三次这样的演讲。在最后一次时，最上面那条线旁的数字变成了"4000"。如我所发现的，数字改变了，但演讲却没有变。企业的优势直接来源于领导者的实力。领导者软弱则企业软弱，领导者强大企业也会跟着强大。正所谓，一切成败皆系领导力。

一切成败皆系领导力。

有潜力的领导者肩负重任

企业家罗兰·扬（Rolland Young）曾说："我是个白手起家的人，但如果能从头再来，我会召集其他人跟我一起奋斗！"在一般情况下，领导者无法发展和培养其他领导者，可能是因为他们缺少培养的经验，也可能是因为他们对于允许和激励他人与自己一起前行持有错误的态度。领导者经常误认为，他们必须要与周围的人竞争而不是与他们比肩合作。但伟大的领导者都拥有独特的思维定式。在《肯尼迪：信仰在风中飘扬》（*Profiles in Courage*）一书中，总统约翰·肯尼迪（John F.Kennedy）写道："不断进步的最佳方式是与他人一同前行。"只要领导者持有与他人相互依存的态度，而且致力于发展双赢的关系，就会出现这种积极正面的互动方式。

以下是不同的领导者对于他人持有的不同看法：

与人竞争的领导者	与人合作的领导者
通过竞争获得胜利	通过相互协作获得胜利
将他人视为敌人	将他人视为朋友
关注自己	关注他人
怀疑他人	支持他人
只要你优秀便能获胜	你或他人优秀便能获胜
你的技能决定胜利	众人的技能决定胜利
个人的小胜	集体的大胜
少许的个人欢乐	集体的欢乐
有获胜者也有失败者	都是获胜者

彼得·德鲁克（Peter Drucker）曾说过这样一句正确的话："没有任何一位高级管理者会因为他的员工优秀、工作有效而感到痛苦不堪。"我周围的领导者在很多方面都为我排忧解难，其中最重要的是以下这两个方面。

（1）他们会成为我的参谋，为我出谋划策。作为领导者，有时须要懂得忠言逆耳。这是你周围有其他领导者的优势——拥有懂得如何做决策的人员。追随者可告知你想听的，领导者可告知你须要听的。

我经常鼓励身边的人能提前给我建议。换句话说，决策之前所提出的意见都有潜在价值。相反，决策做出后的意见则毫无价值可言。一位大学橄榄球教练亚历克斯·阿加丝（Alex Agase）曾说过："如果你真的想给予我建议，请在星期六下午1点至4点提出。若你只有25秒钟的时间，那么就在比赛中途休息期间提出。不要在星期一给我任何建议，因为那时我已知道该如何去做。"

（2）他们拥有领导者的思维定式。周围其他的领导者不仅与领导者一同完成更多的工作，而且也会如领导者一样思考问题。这样将给予他们为领导者减轻负担的动力，同时在制定决策、集思广益、提供安全保障和为他人指明方向等方面显示出宝贵的价值。

我的大多数时间都忙于各地的研讨会和演讲，因此经常不在办公室。我离开公司期间，企业其他领导者能继续有效地开展工作是最重要的。这一点他们做到了。之所以能这样是因为我毕生的时间都在寻找和培养有潜力的领导者。现在看来，结果是可喜可贺的。

如汤姆·沃西恩（Tom Worsham）所说，在所有事物中，只有大雁才是这种同甘共苦的领导者思维模式的最佳范例：

当你看到大雁在冬季排成"V"形飞向南方时，可能会对它们为何排成此形状飞行而产生兴趣。科学研究发现，一只鸟儿在拍打翅膀时，可以为紧随其后的其他鸟儿创造出一股向上的动力。排成"V"形后，群体飞行的大雁会比单独飞行的大雁至少增加70%的飞行距离。朝着同一方向努力并拥有集体意识的人们都懂得，在旅途中成为彼此的助力才能更快捷、更容易地到达目的地。

无论任何时候，只要有一只大雁掉队，它就会突然感到独自飞行的阻力，此时，它会很快飞回队伍利用群体所提供的动力飞翔。如果我们人类也有跟大雁一样的觉察力，我们就会留在自己的队伍中，同时那些跟我们有共同方向的人也会这样。当领头的大雁感到疲倦时，它会退后到"V"形雁阵中，让另一只大雁来接替领队的位置。它们依次轮流，完成此艰苦的工作。

雁阵中传来的雁叫声会鼓励领头的大雁继续保持速度。如果我们在后面鼓励前面的人时，我们会说些什么？

最后，若有大雁生病或因受伤而摔下，另外两只大雁则会离开队伍，跟随这只受伤的大雁帮助它、保护它，并一直守在它的身边，直到它重新飞行或永远离开它们。然后它们开始靠自己的力量再次出发或跟随其他雁阵来追赶自己的队伍。如果我们有大雁的这种觉察力，我们也会像它们那样互相支持对方。

最先把别人称作"愚蠢的大雁"的那些人，对大雁的认识是何其浅薄！

领导者吸引潜在的领导者

物以类聚，人以群分。我相信，只有领导者才能了解领导者，培养其他领导者，给新的领导者树立榜样。我也发现，只有领导者才会吸引潜在的领导者。

> 只有领导者才能了解领导者，培养其他领导者，给新的领导者树立榜样。

显然，吸引只是第一步，但我发现处在领导者职位上的很多人都无法完成这项任务。真正的领导者能够吸引潜在领导者的原因是：

- 潜在领导者如领导者一样思考。
- 潜在领导者能传达领导者的理念和心声。
- 领导者能创造环境来吸引潜在领导者。
- 领导者不会惧怕拥有优秀潜力的人。

比如，在1～10的领导者位置中，处在第5位上的领导者不会去吸引第9位的领导者。为什么？因为领导者不仅慧眼识人而且只会自然地向同层次或更高层次的领导者靠拢。

周围只有跟随者的领导者都在不断地忙于奔波各种事务。若没有其他领导者为他分担，他会变得疲惫不堪。你最近可曾问过自己，"我累吗？"如果答案是"是"，那么你或许会对此非常赞同，正如下面这个幽默故事所要阐述的：

> 世界上某个国家的人口总数为2.2亿人。其中60岁以上的人口总数为8400万人，20岁以下的人口总数为9500万人，剩下4100万人在工作。
>
> 而在这4100万人口中，有2200万人是政府职员，400万人属于军队，1480万人属于国家和市级机关，再减去医院和精神病院的18.8万人，最后工作的只剩下1.2万人。
>
> 注意，有趣的是这个国家还有11998人在监狱服刑，因

此仅剩下两人来承担重任。那就是你和我。兄弟,我烦透了所有事情都要亲力亲为!

所以你须要发展和培养其他领导者,除非你愿意独自承担所有重担。

培育出新的领导者,你的工作效率会倍增

曾经,我参加了现代管理学之父——彼得·德鲁克的演讲谈论会。会上,他不断挑战式地要求我和我的30位领导者发展并指导其他领导者。彼得问道:"谁将接替你们的职位?"他不断地强调:"没有继任者,就没有成功。"

没有继任者,就没有成功。

会议结束后,我决定要发掘出能够培养其他领导者的领导者。通过单纯地增加领导者的数量已不足以促进和发展企业。现在,我的注意力主要集中在增加可以成为潜在领导者导师的领导者的数目上,为此,我开始培养我周围的领导者如何设置和决定优先次序。我要让他们对我们的目标有深入的了解,然后进入我们的企业并培训其他人,以便将来能够帮助他们或为他们分担重任。

企业的董事会成员一直是我发展和培养领导者的重点人选。1989年,董事会中近一半成员是新人,而企业正面临着3500万美元搬迁项目的重大决策问题。我很担心,这些新人能否做出这样重大的决策?然而,当我发现董事会的每位新人都由有经验的前辈在指导时,我的担忧便在下次董事会会议开始前逐渐消退。董事会旧成员听取了我培养领导者的意见并实施了我的指导方案。现在,这些

新成员已受益良多，在进入他们的职位时，就已经能与我们一起前进。也是在那个时候，我领会到了一个重要的道理：真正的领导者可通过为新领导者的领导能力灌输信心，帮助他们发展和磨炼他们自己尚未知晓的领导技能，来发掘和激励新的领导者。

我在董事会的经验表明，当人们并肩为共同的目标努力工作时，不仅能让他们的潜力成倍增长，而且也会增加他们的团结力量。以下这则趣闻便证明了我的观点：

> 在美国中西部的集市上，很多围观者都聚集在一起观看一种旧式的马拉雪橇比赛（将不同重量的物体放在雪橇上，然后马拉动雪橇在地面上拖动的一种比赛）。获得冠军的马拉动了载有4500磅重物的雪橇。获得第二名的马的成绩与冠军很接近，即4400磅。有些人想知道这两匹马一起能拉动多少磅的重物。分开拉，它们的总成绩接近于9000磅，但如果一起像一个团队一样工作时，它们的成绩能超过12000磅。

经过培养的领导者能扩展和提高企业未来的前景

我曾被邀请在研讨会上做此主题为"企业如何调整结构来获得发展"的演讲，但我婉言谢绝了。我确信企业结构有助于企业的增长，但不能创造增长。民意调查者乔治·巴纳（George Barna）说过："伟大的企业也许会有伟大的领导者和糟糕的企业结构，但我从未见过一个伟大的企业有良好的企业结构和糟糕的领导者。"企业结构是优秀企业和糟糕企业的一个区别，但优秀企业和糟糕企业的区别却主要在于领导者。

亨利·福特（Henry Ford）则明白这一点。他说过："你可以夺走我的工厂，毁坏我的厂房，但只要把我的员工留下，我的生意很快就会恢复。"处于领导者职位上的人们所不知，但亨利·福特却明白的是什么——就企业发展而言，厂房和行政工作并不是最重要的。一个公司不能围绕日常进行的工作存在，而是要以试图达成的目标来获得发展。我见过一个企业中的员工仅因为行政制度的规定而用超出常规的方法行事，甚至是当此制度阻碍企业发展的目标时，也是如此。企业应该以其任务，而不是以功能为目标来发展。

我们经常会像下面这个修建新桥梁的小镇居民一样可笑：

  一个小镇的居民修建了一座新的桥梁，并决定雇一名看守人员来看护它。随后他们便这样做了。但有人提出，应给这名看守人员发放工资，于是他们聘请了一名会计。而会计又提出还需要一名出纳。有了看守人员、会计和出纳，他们还必须要有一位行政人员，因此居民们又任命了一位行政人员。最后，由于国会投票表决削减财政开支并进行裁员，于是他们将这名看守人员解雇了！

不要让企业里的阴谋和表面的粉饰蒙蔽了你的双眼，让你忽视了企业应该要达成的目标。

我父亲教授给我的是——在企业中，人比其他所有因素都重要。他担任了大学校长16年。一天，我们坐在校园的长凳上，他解释道，校园里身价最贵的并不是工资最高的人，而是那些整天游手好闲、无事可做的人。他说，培养领导者不仅要花费时间还须要投入资金，你通常要付给这些领导者更多的薪水。因为这样的人是非常宝贵的资产：他们能够吸引更高资质的人；他们更有生产力；而且他们能不断地为企业增加价值。最后，他以这句话结束了我们的对话："大多数人只有在自己喜欢这份工作时才会创造出价值，而领导者即使是在不喜欢的情况下，也会创造出价值。"

你领导的人越多，须要培育的领导者越多

摩西是《旧约全书》（*Old Testament*）中的伟大领导者。他会如何重新安置150万名满腹牢骚的人？这并不是一件容易的事。随着他的国家的发展，摩西变得越来越疲倦，人们的需求也越来越无法得到满足。

这是什么问题？那是因为摩西试图自己去做每一件事情，如以下这幅混乱的结构图：

			总领导 摩西			
农业 摩西	银行 摩西	洗礼 摩西	易货贸易 摩西	衣着 摩西	投诉 摩西
交通 摩西	建筑 摩西	工艺 摩西	奶制品 摩西	殡葬 摩西	伙食法 摩西
纪律 摩西	教育 摩西	招聘 摩西	娱乐 摩西	农畜 摩西	食物 摩西
燃料 摩西	健康 摩西	移民 摩西	司法 摩西	牲畜 摩西	维修 摩西
制造 摩西	结婚 摩西	道德 摩西	祭品 摩西	保护 摩西	采购 摩西
记录 摩西	宗教 摩西	收入 摩西	安全 摩西	排水 摩西	纪事 摩西
仆人 摩西	避难所 摩西	牧羊 摩西	标准 摩西	统计 摩西	存贮 摩西
供给 摩西	税收 摩西	交通 摩西	旅游 摩西	水利 摩西	福利 摩西

13

摩西的岳父叶忒罗（Jethro）建议他寻找、聘用并培养其他领导者来帮他分担领导责任。摩西听从了此建议，而且很快找到了其他领导者来帮助他分担重任。结果如何？这个必要的改变给了摩西更多的力量并使人们所有的需求得到了满足。

金克拉（Zig Ziglar）曾说过："成功就是最大限度地利用你的才能。"我相信，一位领导者的成功可定义为：最大限度地利用其下属的能力。安德鲁·卡内基（Andrew Carnegie）也曾这样解释道："我希望我的墓志铭能这样写，'此人长眠于此，他深谙如何招揽比他更优秀的人来为他服务'。"希望此书能帮助你真正地做到这一点。

一位领导者的成功可定义为：最大限度地利用其下属的能力。

第二章
领导者最严峻的挑战：
为潜在的领导者创建环境

那些相信我们能力的人不仅激励我们，而且还为我们创建了一种更易获得成功的环境。创造一个吸引领导者的环境对一个企业而言是尤为重要的，这一点是领导者的职责。他们必须要积极，要组织富有成效的活动，而且还要鼓励、创造并指挥企业内的变革。他们必须要创造一个环境，让有潜力的领导者茁壮成长。

领导者必须是环境变革的推动者

任何一个企业中的领导者都必须是环境变革的推动者。他们必须要像恒温器一样，而不仅仅是温度计。乍一看，人们可能会混淆这两种仪器。虽然两种仪器都能测量温度，但事实上它们截然不同。温度计只是被动地记录环境的温度，并不能改变环境的温度；而恒温器却能主动决定环境的温度，影响温度变化并创造出一种环境。

领导者的态度，结合企业中的积极气氛，能够鼓励员工完成伟大的目标。连续不断的成就能够产生势头。在很多时候，势头就是胜利、积极发展的环境和失败、消极发展的环境之间的唯一区别。

领导者不能忽视势头的重要性：

有势头，领导者看起来比实际上更优秀。
没有势头，领导者看起来比实际上更糟糕。
有势头，跟随者会有更积极的表现。
没有势头，跟随者的表现消极。

势头是变革最有力的推动者。我们公司内所提出的90%的成功变革都是源于要求员工在做出改变之前首先创造出势头的结果。

势头是变革最有力的推动者。

为最大限度地提高势头的价值,领导者必须:(1)尽早开始欣赏它;(2)尽快了解这种势头的关键因素;(3)不断注入人力、物力等资源。

下一次如果你发现很难调节公司的环境,那么请记住这个简单的物理规律:水在100℃时才会沸腾,在99℃时,它只是热水。如果额外增加1℃,就能使一壶死气沉沉的水变得水泡翻滚产生能量。1℃能产生浓密的蒸汽,足以推动载有数吨重物的火车。这1℃通常就是势头。

一些企业的领导者并未意识到创造环境有利于培养潜在领导者的重要性,也不明白这其中的执行原理。广告总监威廉·宝伯(William Bernbach)则明白势头所带来的改变,并说道:"当有其他公司试图挖走我公司的人才时,我总是觉得很好笑。他们最好是'挖走'整个环境才行。花要开得旺盛,不仅需要适当的种子还需要适宜的土壤。"企业的领导者若意识不到这一点,他们就不会取得成功,无论公司聘进多少有才华的员工。适宜的环境才会使潜在的领导者蓬勃发展,这也是为何首先要重视并发展环境的原因所在。处于糟糕环境下的领导者,即使是偷走一名正在健康"温室"环境下茁壮成长的潜在领导者,也无法使这个潜在领导者在新环境中继续成长。当然,除非那位领导者将他自己公司的环境从"冷酷无情"转变成"热情洋溢"。

要了解环境和发展之间的关系,观察一下大自然就会明白。一个为水族馆工作的潜水员曾做过一项研究。据他说,水族馆中最容易养活的鱼类之一是鲨鱼,原因是鲨鱼特别能够适应环境。如果你抓到一条小鲨鱼并把它关进水族馆里,那么它的身形则会生长到与他生活的水族馆鱼类保持一定的比例。鲨鱼长到6英寸时就已完全成熟,但如果将它们放回海洋,它们还会继续生长,长到我们通常所看到的那么大。

潜在的领导者也是一样。有些领导者年轻时就进入了企业,但局限的环境却阻碍了他们的成长和发展。只有领导者才能控制企业的环境，他们是变革的推动者，能创造有利于成长的环境。

为他人所期望的领导风格做榜样

按照著名学者及人道主义者阿尔贝特·施韦泽（Albert Schweitzer）所说："榜样不是影响他人的主要因素，而是唯一因素。"创建一个吸引他人的环境是为领导者的风格做榜样。员工会效仿他们所看到的榜样。积极的榜样会产生积极的效应，而消极的榜样产生的则是消极的效应。领导者怎样做，他们周围的人也会跟着怎样做；领导者重视的，员工也会重视；领导者的目标也会成为员工的目标。一切皆由领导者设定基调。正如李·艾柯卡（Lee Iacocca）所说："老板的速度就是团队的速度。"领导者不能要求他人做自己都无法完成的事。

当你我作为领导者在成长和提高时，我们所领导的员工也是如此。我们须要铭记的是，我们走多远，跟随我们的人就能走多远。如果我们不再成长，我们的领导能力也会随之停止。无论是性格还是方法论都不能代替个人的成长。对于我们自己都无法掌握和具备的能力，我们也无法以身示范。现在就开始学习和成长，并注意你周围人的成长。作为领导者的我，其实就是伟大原则和其他伟大领导者的追随者。

关注领导者和企业的潜力

如前文所述，相信我们能力的人不仅能够激励我们，而且还能创造更易成功的环境。与之相反，当领导者不相信我们时，则很难甚至不可能获得成功。作为领导者，如果希望我们的企业成功，我们就不能允许这样的事发生在我们所领导的员工身上。

　　为确保成功，必须要识别每一个未来领导者的潜质，并根据企业的需求进行培养，这样才能达成双赢的局面。身体力行的领导者获得成功是因为在他领导下的"后起之秀"有所成就；企业获得成功是因为它的任务圆满完成；而潜在的领导者获得成功是因为他得到了发展和进步，未来一片光明。

　　这个想法最好的运用是体现在我所命名的"101%原则"中：找到潜在领导者身上你认为最有价值的一点，然后就这点给出101%的鼓励。关注一个人身上的优点，能促进潜在领导者的积极成长、自信和成功。

关注潜在领导者的渴望

　　人们经常将伟大的成就与以下因素相联系：运气、时机、环境或天资。一个人成功的秘诀似乎总是难以捉摸的。芝加哥大学曾对著名的艺术家、运动员和学者做了一个长达5年的研究，用以调查他们取得成功的因素。此研究由本杰明·布鲁姆博士（Dr.Benjamin Bloom）指导，并对最顶尖的20位成功人士做了匿名采访，其中包括各类专业人士，如音乐会的钢琴家、奥运会的游泳运动员、网球运动员、雕刻家、数学家和神经学科专家。布鲁姆和他的研究团队不仅调查了这些成功人士如何发展的各种线索，而且为了更完整全面地掌握情况，还采访了他们的家属和老师。最后，研究报告显示，这些成功人士能够获得成功的因素是动力、决心和渴望，而并非是伟大的天赋。

　　伟大的领导者都了解他们所领导的人的渴望。尽管多数的潜在领导者都会尊重他们领导者拥有的能力和知识，但这些对他们来说都是次要的事，他们不在乎领导者知晓多少，只在乎领导者对于他们的需求、梦想和渴望是否关心。只要领导者真正关心其周围员工的幸福，那么这些人的决心和干劲就会得到非凡的发挥。所有成就的起点都是动力、决心和渴望。

拿破仑·波拿巴（Napoleon Bonaparte）是历史上伟大的领导者。他的领导力秘诀之一就是了解下属的需要。他首先确定下属最想要的是什么，随后尽全力帮他们得到。他明白，这是有效激励的关键因素。然而大多数领导者却恰恰相反，他们只决定自己想要什么，而后试图说服其他人像他们一样渴望得到同样的东西。

找寻潜在领导者所具备的领导者素质

任何工作本身都没有前途，所谓的前途则系于拥有此工作的个人。拥有卓识远见的领导者才能识别出未来的领导者。当问到米开朗基罗（Michelangelo）他的作品《大卫》时，他回答道，这件雕塑早就存在于那块石头中，他只是简单地将其周围的石块剔除了而已。领导者在观察潜在领导者时，也要有同样的眼光。在观察潜在领导者时，须要寻找以下素质：

积极性：能积极地看待人和事，并具有与其他人共同工作的能力。

服从：愿意服从、跟随领导者，团结协作。

发展潜力：渴望个人潜力成长与发展；个人能力随着工作的扩展而不断提高。

锲而不舍：决心将工作彻底完成。

忠诚：愿意将领导者和企业置于个人愿望之上。

复原力：遇到问题时的反弹能力。

诚信：可信、稳定的性格，言行一致。

全局思维：能察觉到整个企业及其所有的需要。

纪律：愿意做领导所要求的事，无论个人情绪如何。

感激：对待生活，一贯持感激的态度。

拥有卓识远见的领导者才能识别出未来的领导者。

在寻找潜在领导者身上的这些品质时，领导者应模仿淘金者。他们经常留心发掘潜在的金矿，每一座山都可能是一个发财的机会。当他们发现矿石的踪迹时，就假设有矿脉和纹理，并开始开采。在企业中也同样如此。如果作为领导者的你在找寻中发现了"金矿"的线索时，那么就开始发掘它。你会挖掘到丰富的"金矿"！

重点在于生产力，而非职位和头衔

过于强调头衔和职位的企业，它们的员工也会如此。在这种企业环境下的员工一心只会想着攀爬更高的职位或取得更多冠冕堂皇的头衔。但归根到底，头衔并没有更大的意义。一个华丽的头衔对糟糕的生产商来说毫无帮助，一个低微的头衔也不会掩盖住杰出的人才。职位，如头衔一样，不能造就领导者。

在《中层领导力：自我修行篇》一书中，领导力被分成了五个层次：职位、认可、绩效、人才培养、人格魅力，其中"职位"排在最低的层次。一个固守其职位的人永远无法影响到他职责范围以外的人。

资历本身也无多少价值。财务数据处理中心Accountemps公司曾做过一项调查，即高级管理人员和人事主管评估一名员工晋升的最具影响力的因素是什么。结果如下：66%的人提到"成就"；47%的人提到"工作习惯和表现"；只有4%的人提到"资历"。工作时间的长短并不能代替生产力的高低。

在强调生产力的企业中，注意力和精力都应该投入到工作上，并致力于将其做到最好，而且要以企业使命为目标。这就是领导者应运而生的环境。正如前通用电器公司总裁查尔斯·威尔逊（Charles Wilson）所说："无论在多大尺寸的容器中，精华总会浮现到最上面。"

提供发展机会

有这样一个关于旅行者的故事。这个旅行者来到一个小镇的一家店前，看到一位老人坐在长凳上便上前问道，"您好，朋友，能告诉我这个小镇以什么而著名吗？""嗯，"这位老人回答道，"其他的我并不清楚，我只知道这里是通向世界的起点。你可以从这里出发走向你想去的任何地方。"

无论人们想去世界的哪个地方，他们都不认为自己当前所处的位置是出发点。但作为领导者，我们必须鼓励周围的人以这样的眼光来认清自己目前的处境。为员工的个人发展创建一个有利的环境是极其重要的。然而，如果你周围的人并未意识到他们正处在这样的环境中，那么他们也许就不会利用它。这就是为什么要给员工创建个人发展的环境或机会是如此重要的原因之一。另一个原因是，在职的领导者要了解一个潜在领导者需要什么样的机会。

为了创造合适的机会，我们必须要观察周围的潜在领导者并问自己："这个人的发展需要什么？"如果我们无法给潜在领导者提供合适的机会，那么也会发觉自己所提供的东西并不是他所需的。

纽约协和神学院的一位教员欧内斯特·坎贝尔（Ernest Campbell）讲过一个具有启蒙性的故事：

> 一位妇女去宠物店买了一只鹦鹉，与她做伴。她把它带回家后，第二天就返回店里说："那只鹦鹉一个字也没有说过！"
>
> "家里有镜子吗？"店主问，"鹦鹉都喜欢看镜子中的自己。"因此，这位妇女买了一面镜子带回家。
>
> 第三天，她又返回到店里，说那只鹦鹉还是没说话。
>
> "拿一架梯子，怎么样？"店主说，"鹦鹉喜欢在梯子上爬来爬去。"因此，这位妇女又买了一架梯子回家。
>
> 不出所料，第四天这位妇女又去了店里，同样的情况——鹦鹉仍旧一句话没说。
>
> "鹦鹉有秋千吗？鸟儿都喜欢在秋千上放松。"这位妇女又买了秋千回家。
>
> 第五天，她去店里时，说那只鹦鹉已经死了。
>
> "我很抱歉听到这个消息，"店主说："鹦鹉死前什么都没有说吗？"
>
> "说了，"那位妇女回答道，"它说，'没有任何东西吃吗？'"

多数领导者就像故事中的那位妇女一样，希望下属提高生产力。当下属无法完成工作时，领导者便会想当然地提供他们认为下属们应该需要或喜欢的东西。然而，领导者却永远都不会留心下属真正需要的是什么。

当你培养潜在领导者并确认他们每个人需要什么时，要记住以下这些关于提供发展机会的建议：

・让潜在领导者在其所在领域的成功人士面前显示出自己的潜质。
・给潜在领导者提供一个安全的环境，让他们勇于承担风险。
・给潜在领导者安排有经验的导师。
・给潜在领导者提供他们所需的人力和物力资源。
・投入时间和资金培训潜在领导者欠缺的方面。

通过提供发展机会来培养潜在领导者的理念，在埃德温·马卡姆（Edwin Markham）的这首诗中已有所归纳：

除了造就人才，
万事都无价值可言。
除非人才规划上有这一条，
否则我们都是盲目的。
如果不能造就人才，
为何将城市建造得如此璀璨。
除非建造者不断成长，
否则所造的世界亦是枉然。

卓有远见的领导

领导力中包含的一个重要部分就是铸造愿景。有些领导者因为一心陷入管理事务之中而忘记了铸造愿景，但真正的领导者则能意识到领导者和管理者之间的区别所在。管理者好似维修人员，倾向于依赖体制和控制；而领导者既是创新者又是依靠人才的创造者。当员工开始明白创新型领导者的愿景时，创意理念就会转化为现实。

显著有效的愿景不仅能提供指导纲领，而且还能为企业指明方向——这个方向并不是从企业规则、方针手册或企业机构图中所能找到的。对于一个企业而言，正确的导向诞生于愿景之中。它来源于领导者，并随着领导者的示范而被普遍接受。当员工对它产生共鸣时，它就会转变为现实。

成就大事

领导者所做的每一件事几乎都取决于他的愿景。如果他的事业狭隘，那么他和其跟随者做事的结果也会如此。一位深谙此理的法国高级官员在提到温斯顿·丘吉尔（Winston Churchill）时，表述道："如果你在成就大事，那么就会吸引大人物；如果你做的是琐碎小事，那么吸引的就是小人物。而小人物通常都会引发麻烦。"有效的愿景才对赢家有吸引力。

人们常常限制自己的潜力，害怕冒险。不愿扩展自身能力的人不可能有所成长。正如作家亨利·德拉蒙德（Henry Drummond）所说："除非一个人承担比他可能做到的还要多的工作，否则将永远无法做到他能力所及的一切。"

将更多的精力投入到团队上，而非外聘人员身上

领导者一旦有了愿景，就须要建造一个团队来实现它。他在哪里能找到胜利者？这并非易事。事实上，很多胜利者都是打造出来的，而非被发现。在主要的棒球联盟中，各个团队都有一两种方式招募队员。他们要么从自己的内部小联盟队中提拔队员，要么从外面的联盟队中花巨资招聘队员。但通常这些招聘来的昂贵的球员带

给球迷的只有失望。

　　内部提拔队员能够找到最好的种子队员。允许这些队员开始以自身现有的水平为起点与团队一同发展，他们还能得到教练的指导和训练。经理和教练也会发现这些种子队员的优势和劣势，并为他们安排合适的位置，让队员们获得经验的同时还能有机会提高自己的比赛水平。如果他们的表现特别突出，就可以被提拔到主要的联盟队中。

　　我们企业中的绝大部分领导者都是从内部招聘并得到提升的。虽然并非易事，但使用这种方法却有着巨大优势。第一，你已掌握每个内部员工的性格特征和态度看法。而从外面招聘其他人时，你要承担一些风险，还要根据此人及其推荐人所述来做决定。简历上的职务说明中会提及此人掌握的技能，但并没有性格特征的描写。多数雇主都认为性格特征和态度看法是聘用一名新员工的重要因素，而技能方面则可通过教授和自己学习来提升。

　　第二，企业内部提拔的人已对企业和其员工状况了然于胸。被考虑提拔的出色员工早已对领导者的愿景了如指掌，不仅会分享企业哲学，而且还会投入时间和精力与其他员工建立良好的关系。而从外面招聘的人员必须要花时间学习这些，否则一旦被雇用可能不愿或没有能力吸收这些。因此，从内部提拔时，这样的人员很容易被找到。

　　第三，一名从团队内部成长起来的员工已证明自身的表现和能力，而且你也见识到了他的资质和影响力，并且知道他能在你的团队中有突出表现。这样，所承担的风险也会相对小一些。但对于外部雇员而言，你没有足够的时间直接观察他是否有可能在你的团队中有优秀表现，因为条件和环境都已改变。在团队中发展人才，需要团队的人才战略和团队领导者的特别态度。因此，领导者必须要做到：

- 为潜在领导者投入时间和资金。
- 致力于从公司内部提拔人才。
- 在企业内部，让员工看到个人的职业发展规划不是纸上谈兵，而是有切实可行的实施策略。

艰难决策

伊士曼柯达公司（Eastman Kodak Company）最高行政官玛丽昂·福尔瑟姆（Marion Folsom）曾对大通曼哈顿公司董事长威拉德·C.布奇（Willard C.Butch）建言："比尔，你会发现在你的职业生涯中，所做的95%的抉择可能相似于一个极其聪明的高中生所做的选择。但如果你能决定剩余的5%，你就能获取报酬。"

领导者面临的一些艰难抉择都会涉及表现欠佳的员工。伟大的领导者都会在考虑他们后，做出明智的选择。无法有效处理这些事务的领导者将会损坏：

- 企业实现其目标的能力。
- 表现出众的员工的士气。
- 他自己的信誉。
- 表现欠佳的员工的自我评价度和潜在能力。

为了给表现欠佳的员工找到合适的发展道路，领导者须自问："这位员工应该培训、调动还是解雇？"此问题的答案则会决定领导者采取怎样的行动。

如果员工是因为能力不够和技能缺乏而表现欠佳，那么就急须培训。因为培训有助于每一位雇员从企业的经营理念和愿景中受益。由于培训是投资于员工的，因此往往也是最积极的解决方案。

当然，比起起用一个新人而言，提高现有员工的技能也是更经济的方法。

有时候员工可能因为从事一份与自己的天赋和能力不匹配的工作而表现平庸。如若拥有良好的态度并渴望获得成功，那么此员工也能调任到与其天赋相配的职位上。在那里，他可能会更活跃。

解雇一名员工是领导者面临的艰难抉择中最重要的决定之一。实际上，解聘企业员工与挖掘一名优秀人员同等重要，而且对企业和个人都有益。同时，这样做也会让被解雇的员工拥有重新评估自身潜力的机会，并使其找到让自己成为获胜者的正确位置。

为吸引领导者付出代价

成功总是要付出努力和代价的——这是不久前我才领会的道理。父亲教导我，一个人可以选择，要么享受在先，要么安乐在先。无论是以哪种方式，他都要有所付出。

> 一个人可以选择，要么享受在先，要么安乐在先。

为潜在领导者创建有利环境也需要领导者付出，这是个人成长的开始。在任何情绪和环境中，领导者都必须要自检，自问这些难以回答的问题，做出正确的决定。在成长发展的因素中，很少有理想、悠然的环境。世界上大凡具有非凡意义的事都是由终日忙碌或体弱多病的人完成的。基于情绪化的企业任由环境决定行动，而基于品质化的企业则允许其行动决定环境。

成功的领导者明白，个人成长发展和领导技能发展是他们一生的追求。沃伦·本尼斯（Warren Bennis）和伯特·纳努斯（Burt Nanus）在《领导者》（*Leader*）一书中对所有领域中的90位最高领导者做了一项调查。他们发现，是发展和提升领导技能的能力，将领导者与其跟随者区别开来。并得出结论：领导者是永远的学习者。

　　承担为潜在领导者提供发展环境的责任和义务必须始于领导者对个人成长的承诺。回答以下问题后来决定你现有的承诺程度。

关于个人成长的承诺问题

（1）我是否对个人成长有计划？

是　不是

（2）我是这个计划的领导者吗？

是　不是

（3）我是否愿意改变自己，不断成长，即使这意味着放弃我现有的职位，因为在这个职位上我没有经历过成长？

是　不是

（4）我的一生是他人模仿的典范吗？

是　不是

（5）我是否愿意转变，为成就伟大的领导者而付出努力？

是　不是

在这些问题中若有否定答案，则需领导者仔细审视自己的计划和对个人发展的承诺。领导者缺少承诺和责任心会导致周围的潜在领导者难有进步和成长。作为领导者，如果你没有做出此承诺，那么你的未来也是狭窄的，而且永远也不会成为伟大的领导者。现在是时候做出改变了！

你工作的环境会影响你和你所领导的人。回答下列问题，以帮助确定你的企业是否致力于发展领导者，并为提供促进企业、个人成长的环境而做出贡献。

关于企业发展的问题

（1）企业为个人的成长发展是否做出了具体承诺？
　　很少　有时　通常
（2）企业愿意为帮助员工成长投入资金吗？
　　很少　有时　通常
（3）企业愿意为自身和其员工的成长发展做出改变吗？
　　很少　有时　通常
（4）企业愿意支持领导者为个人和企业的发展做出必要的艰难决定吗？
　　很少　有时　通常
（5）与职位和头衔相比，企业更注重强调生产力吗？
　　很少　有时　通常
（6）企业为其员工提供发展机会吗？
　　很少　有时　通常
（7）企业领导者拥有愿景吗？其员工了解此愿景吗？
　　很少　有时　通常
（8）企业拥有宏伟规划吗？
　　很少　有时　通常
（9）企业从内部提拔人员吗？
　　很少　有时　通常

（10）企业中有其他领导者愿意付出个人努力，以确保自身和他人的成长吗？

  很少 有时 通常

  如果这些问题的答案多数是"很少"或"有时"，那么变革势在必行。如果是你掌控整个企业，那么现在即可开始改变；如果你只是一个部门的领导者，那么就在你的本职岗位上做出积极的变革。做企业尽可能所做的一切，为潜在领导者创建积极有利的环境。如果你只在自己的岗位上改变自己，那么尝试寻找企业中能助你成长的人或改变现在的工作现状。伟大的领导者会与他人分享自己的所学所得。一位领导者虽能远距离地给潜在领导者树立榜样，但只有在近距离接触后才能对潜在领导者产生影响。

  伟大的领导者与他人分享自己的所学所得。

  以下是为潜在领导者创建环境的几点结论。体育项目记录中提供过此有力证据，即只有在周围条件适宜的情况下才会产生积极的改变。奥运会运动员帕里·奥布莱恩（Parry O'Brien）曾在1952年的运动会上将16磅的铅球投掷57英尺远，获得了金牌。随后，在1953年又创下了投掷59英尺3/4英寸远的世界纪录。当时专家们分析道："世界优秀运动员奥布莱恩若持续练习的话，发挥所有潜力还会以几英寸的进步打破他保持的现有纪录。"但他们深信，无人能突破60英尺的关卡。

  但奥布莱恩并不这样认为。作为运动员，他决心不断提高自己的技艺，于是开始尝试不同方式，并发明了新的训练方法。直至20世纪70年代中期，他发明的新的训练方法被铅球运动员广泛应用。

  1956年，奥布莱恩又一次赢得了奥运会金牌，可是依旧未能打破那牢不可破的关卡。但在1959年，奥布莱恩创造了自己的最后纪录，以60英尺11英寸的成绩打破了专家认为的不可跨越的关卡。从那时起，每一位称职的铅球运动员都能超过那个距离。

"四分钟跑完一英里"的赛跑故事也同样如此。专家们预言道："没有人能在四分钟内跑完一英里。"但在1954年，年轻的医学院学生罗杰·班尼斯特（Roger Bannister）却创造了奇迹，突破了专家们预设的关卡。现在，每一位世界级的跑步运动员都能在四分钟内跑完一英里。为什么？因为有那样一个人一直持之以恒、发愤图强，在为个人的进步和成长而不懈努力，付出代价，最后为跟随他的潜在领导者创建了提升个人的环境。你是那样的人吗？你是那样的领导者吗——愿意为你的跟随者和未来可能成为领导者的人付出代价，创造良好的环境，使他们愿意跟随你，成为明天的领导者。

第三章
领导者的主要责任：甄别潜在领导者

有一种重要而又难得的能力是：甄别能力。成功领导者的重要责任之一就是甄别潜在的领导者。这并不是一项容易的工作，但却是极其关键的。

安德鲁·卡内基是甄别潜在领导者的导师。曾有记者问他，如何能成功地聘用到43名百万富翁。卡内基回答说，这些人在开始与他共事时并不是百万富翁，而是后来成为百万富翁的。记者接着问道，他是如何培养和发展他们成为如此有价值的领导者的。卡内基回复说："开发和培养人才与开采黄金是一个道理。你不仅要专注于寻找黄金，而且为了得到黄金还要剔除数吨的杂质。"这才是发展积极、成功人才的方法。要寻找的是黄金，而非杂质；你越追求优秀品质，你发现的宝藏就越多。

发展积极、成功的人才，就像是寻找黄金，而非杂质。

挑选优异的"球员"

专业的体育组织都知晓挑选优秀队员的重要性。每年,职业棒球队、篮球队和足球队的教练和老板都在期待招募新队员。职业体育联盟都会做充分准备,花更多的时间和精力来物色有前途的选手。例如,他们会派出星探前往各个大学的运动会、常规赛场以及职业足球队的"超级碗"比赛现场。所有这些都能让星探获得更多的信息并反馈给老板和主教练,以便使新生力量加入团队,让老板和主教练挑选出有前途的运动员。团队老板和教练深知,团队的成功与否在很大程度上取决于他们能否有效挖掘到优秀选手的能力。

商场上亦是如此。在企业中,你必须挑选出优秀的"球员"。如果你挑选正确,不仅会带来成倍的效益,而且这种效益几乎是永无止境的。如果你挑选不当,那么问题则会层出不穷,同样也会无休无止。

在多数情况下,领导者雇用新员工时过于随意。由于情况迫切、缺乏时间或无知等原因,他们会迅速地锁定一位候选人员,随后屏住呼吸,期待着后续事情一切顺利。但招聘人才是需要策略的。聘用新员工前,你的选择余地几乎是无限制的;一旦做出聘用新人的决定,那么你的选择便所剩无几。就如空中跳伞一般,一旦跳离飞机,就注定要降落。

> 雇用员工就如空中跳伞一般，一旦跳离飞机，就注定要降落。

做出正确选择的关键取决于以下两点：（1）拥有远见卓识和纵览全局的能力；（2）对潜在员工的甄别和评价能力。

从筛选详细名册开始是一个很好的方法。我就是使用这个方法从企业外部和内部去挖掘候选人。以下为我使用的"五项评估"方法：

需求评估：什么是需要的？

现有资源评估：哪些职位在企业内的现有人员可以胜任？

候选人员的能力：谁才华出众？

候选人员的态度：谁愿意？

候选人员的成就：谁能做好分派的工作？

注意，此名册是从需求评估开始的。企业的领导者必须以对大局的评估为基础。据报道，芝加哥小熊队（Chicago Cubs）的经理查利·格里姆（Charlie Grimm）曾接到过一个星探的电话："查利，我发现了世界上最年轻的投手！他一出场，就将每个打击手三振出局，直到第九局，才有人击中。这位投手现在就在我身旁，我该怎么办？"星探在电话中兴奋地大声说道。查利回复说："马上跟那个击中球的打击手签约，我们现在寻找的不就是打击手吗？"查利知道团队的需要。

以下这种情形则取代了"需求分析"，而是直接做出了决定：当得到一名真正出色的人才却与当前企业的需求不匹配时，那么尽可能地留住他。因为从长远来看，这个人将为企业带来积极影响。

你在体育界同样能看到与此类似的决策。足球教练通常会起用新招募的队员来满足特定的需求。如果团队缺乏强有力的前锋，那么他们就会招聘最好的前锋。但有时他们也会有机会聘用到"有影响力的球员"——可以即刻改变团队的整体状况。顺便提一下，有影响力的运动员通常在运动天才和领导能力这两方面兼备。甚至是初出茅庐的新运动员也具备队长的所有素质。若我有机会聘到具有优越才能的人——超级巨星时，我定会义无反顾地聘用他，随后，再给他安排职位。优秀的人才如凤毛麟角般难觅，但在一个企业内总会有优秀人员成长的空间。

在通常情况下，我们的评判并不精准，所以难以决策。但是职业球队是如何评估潜在运动员的呢？很多球队使用的都是坐标方格，基于队员的能力来评分。同样地，我们也需要方法来帮助我们评估潜在领导者。以下列表中的25项性格特质，将有助你评估和甄别潜在的领导者。

现有领导才能评估表
（针对潜在领导者）

评分标准

0=从未 1=很少 2=有时 3=通常 4=总是

（1）此人具有影响力。　　　　　　　0　1　2　3　4
（2）此人具有自律性。　　　　　　　0　1　2　3　4
（3）此人拥有良好的职业操守。　　　0　1　2　3　4
（4）此人具备有效的人际沟通能力。

　　　　　　　　　　　　　　　　　0　1　2　3　4
（5）此人具备解决问题的能力。　　　0　1　2　3　4
（6）此人不安于现状。　　　　　　　0　1　2　3　4
（7）此人具有远大抱负。　　　　　　0　1　2　3　4
（8）此人具有应对压力的能力。　　　0　1　2　3　4
（9）此人能呈现出积极向上的精神面貌。

　　　　　　　　　　　　　　　　　0　1　2　3　4
（10）此人了解他人。　　　　　　　　0　1　2　3　4
（11）此人无个人问题。　　　　　　　0　1　2　3　4
（12）此人乐于主动承担责任。　　　　0　1　2　3　4
（13）此人性格平和。　　　　　　　　0　1　2　3　4
（14）此人愿意做出改变。　　　　　　0　1　2　3　4

（15）此人正直诚实。　　　　　　　0　1　2　3　4

（16）此人对上帝真诚。　　　　　　0　1　2　3　4

（17）此人清楚后续的工作安排。　　0　1　2　3　4

（18）此人做领导者，能服众。　　　0　1　2　3　4

（19）此人具有不断学习的能力和热情。

　　　　　　　　　　　　　　　　　0　1　2　3　4

（20）此人拥有吸引他人的风度。　　0　1　2　3　4

（21）此人拥有良好的个人形象。　　0　1　2　3　4

（22）此人愿意为他人服务。　　　　0　1　2　3　4

（23）问题出现时，此人具有重新振作的精神。

　　　　　　　　　　　　　　　　　0　1　2　3　4

（24）此人具有发展其他领导者的能力。

　　　　　　　　　　　　　　　　　0　1　2　3　4

（25）此人工作具有开拓性。　　　　0　1　2　3　4

　　　　　　　　　　　总分：_____

评估一位潜在领导者时，要更加注重此人的个人特质，而不是具体某一项的得分。领导者的水平不同，所以分数也会有所不同。以下是评分标准：

90～100分：伟大的领导者（可以指导其他优秀的领导者）。

80～89分：优秀的领导者（需要不断自我成长并指导他人）。

70～79分：新型领导者（集中注意力于个人成长并开始指导他人）。

60～69分：充满潜力的领导者（可挖掘的优秀人才）。

60分以下：须要努力的人员（可能还未达到成为领导者的要求）。

"60分以下"的这类人员通常都很难评判。其中有些人员永远无法成为领导者，有些人员则具备成为优秀领导者的能力。领导者的评估能力越优秀，评价他人的领导潜力也越确切。因此，成功的领导者亲自面试和聘用有潜质的领导者是非常重要的。

在《公司》（*Inc.*）杂志上，以市场营销专家著称的马丁·杰克尼斯（Martin Jacknis），已在招聘趋势中发现此现象，即"专业技能递减规律"，并做出了专业解释。简单地说，就是领导者趋向于聘请能力低于自己的人员。因此，在企业处于上升期并聘用更多的员工后，专业技能较低的领导者人数会远远超过具有精湛技艺的领导者。

以下是为何会出现这种状况的简要说明。例如，假设你是一位自律、杰出的并拥有卓识远见的领导者，并具有合理的优先原则和擅长解决问题的能力，在评估当前领导才能上得95分，想要开创自己的事业，创立"领导对领导"公司（Leader to Leader, Inc.）。你的事业进展得很顺利，因此很快须要雇用四名新员工。你也许想聘用四名95分的员工，但事实上95分的这几名员工都想自己打拼（如你一般），因此你无法雇用到他们。那么你只好聘用四名85分的员工，能力没有你强，但每个人自身都是一位领导者。

应该注意，在公司发展的关键阶段，你可能会冒险雇用低于85分的人员。而你可能会想："聘用的四名员工须紧随我，听我指挥，这样有利于公司顺利运行。那么，我只需要65分以下的人员跟随我便可。"这正是很多领导者都会犯的关键性错误。由于选择的是跟随者而不是潜在领导者，便限制了企业发展的潜力。但现在，我会假定你还没有犯此错误，你聘用的是四名85分的领导者。

你和团队的领导者都干得很优秀，但业务很难跟得上需求。而且刚刚又接到一笔大的订单，你现在估计需要100名员工夜以继日地不停工作。你须要构建一个完整的团队。

你以四位诚实守信的员工为起点，开始创业。他们都是良好的领导者，而且能帮助你有所成就。因此，你决定从公司内部提拔，他们将成为你的四名管理者。你认为构建新企业的最好方式是有一名管理者来监管销售，另外三名管理者每天8小时轮流倒班，负责每天24小时不间断生产。每一位管理者将对两名助理和约20名其他员工进行监督。

根据专业技能递减规律，这四位管理者将雇用75分的人员做助理。管理者再授权于助理雇用20名65分的员工。结果，近乎一夜之间，这个公司的领导才能平均分由87分变为67分，如下图所示：

有五名员工的"领导对领导"公司

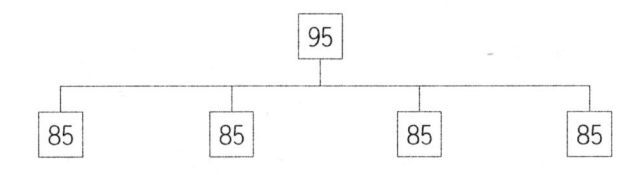

```
            95
     ┌──┬──┴──┬──┐
    85  85   85  85
```

有大约100名员工的"领导对领导"公司

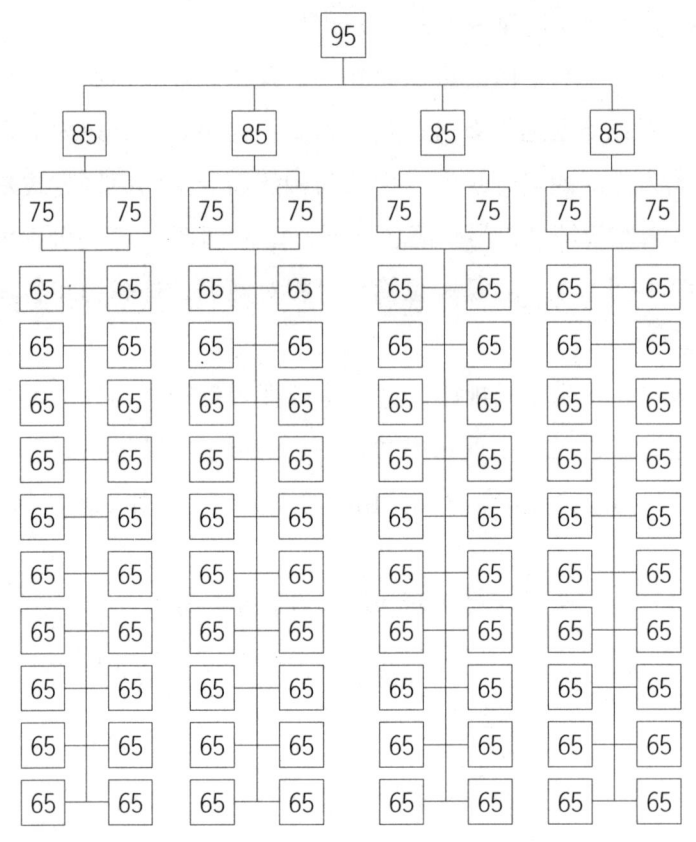

```
                            95
        ┌───────────┬───────────┼───────────┬───────────┐
        85          85          85          85
      ┌─┴─┐       ┌─┴─┐       ┌─┴─┐       ┌─┴─┐
      75  75      75  75      75  75      75  75
      │   │       │   │       │   │       │   │
      65  65      65  65      65  65      65  65
      65  65      65  65      65  65      65  65
      65  65      65  65      65  65      65  65
      65  65      65  65      65  65      65  65
      65  65      65  65      65  65      65  65
      65  65      65  65      65  65      65  65
      65  65      65  65      65  65      65  65
      65  65      65  65      65  65      65  65
      65  65      65  65      65  65      65  65
      65  65      65  65      65  65      65  65
```

"领导对领导"公司的整个状况发生了改变。如果你最初雇用的四名员工还未成为领导者,那么你可能会陷入更糟糕的境地。

当然,这个例子略有夸张,大多数公司不可能一夜之间从5名雇员增加到100名,但有优秀领导者所在的企业则发展较快。更重要的是,你可以看到招聘雇员对一个企业的影响。在这个例子中,曾经由高级生产者组成的公司现在却让一般的员工在企业中占了压倒性的优势。如果销售部门接到另一笔订单,那么还是会再扩充员工。在接下来的扩充中,75分的助理经理可能会被提拔为新任经理,公司将会继续下滑,可能其平均分会降到只有平庸之才的50分。

幸好以下这几点可以应对平庸化的趋势:

（1）让高水平发展的领导者负责聘用员工：由于低水平的人员雇用的是更低水平的人员，因此高水平的领导者负责聘用员工才能从根本上使团队得以改善和优化。

（2）尽量聘用水平高端的人员：不要试图聘用表现不佳的人员。记住，一个优秀的人才不仅能超额完成工作并可以超过两个平庸的人。

（3）致力于做建模示范的领导者：让企业内每一位员工都知道企业对他们的期望。很多有潜力的领导者都会尝试达到他们所向往的标准和高度。

（4）致力于发展你周围的人才：如果你注重通过后续的扩充来发展你周围有潜力的领导者，那么这些75分的经理助理将会提高到85分，从而做好胜任领导职务的准备。

基于丹尼斯·维特利（Dennis Waitley）在《制胜的新动力》（*The New Dynamics of Winning*）中所述，广告大师大卫·奥格威（David Ogilvy）深谙"专业技能递减规律"，常常会给公司每一位新任经理一套俄罗斯套娃玩偶。每一套中都有5个大小不同的俄罗斯娃娃玩偶。其中最小的一个里面有一张纸条，上面写着："如果我们中的每一个人都雇用比自己'小'的人员，那么我们将会变成侏儒公司。但如果我们中的每一个人都雇用比自己'大'的人，那么奥美（Ogilvy and Mather）将变成一家巨头公司。"因此，我们应致力于挖掘、寻找和发展比我们优秀的人。

领导者应具备的素养

为了找寻领导者，你首先须要了解他们是怎样的人。以下是你所寻求的领导者身上应具备的10项领导力素养。

性格

任何领导者或潜在领导者身上所应具备的第一项就是坚强的性格。我发现没有其他品质比这点更重要了。严重的性格缺陷不能忽视，它们始终会是领导者高效工作的障碍。

性格缺陷不应与弱点相混淆。我们每个人都有弱点，它们可通过培训和经验被克服。但性格缺陷不可能在一夜之间得到改变。在通常情况下，这种改变需要很长一段时间而且还要求领导者投资重要的人际关系和奉献精神。你所雇用的每一位有性格缺陷的人员都会是企业的薄弱环节，对企业存有潜在的破坏性。

每一位有性格缺陷的人员都会是企业的薄弱环节，对企业存有潜在的破坏性。

良好性格品质包括：诚实正直、自律、好学、可靠、坚持不懈、认真和强烈的职业道德感。具备优秀性格的人言行如一、信誉

良好、坦率直爽。

对性格的评估并不容易，需要的警惕信号包括：

- 一个人事后对其行为和后果未能承担责任；
- 未能兑现承诺和义务；
- 未能在期限内完成工作。

你可以从一个人如何管理自己生活的角度看出其领导他人的能力。

最后，再观察他与其他人之间的关系。你也可以从这方面看出一个人的性格。了解他与上级、同事和下属之间的关系。通过与你的雇员谈话来甄别潜在领导者与他们的相处关系，这将对你了解详情提供额外的帮助。

影响力

领导力即影响力。每一位领导者都有这两个特质：（1）他正在向着某个方向前进；（2）他能够说服他人与之同行。只有影响力本身是不够的，为了评判其性质还须对这种影响力加以度量。在评估一个潜在雇员的影响力时，应考察以下几点。

这位领导者的影响力水平如何？他拥有追随者的原因是"职位"（他使用工作职权）、"认可"（他已发展了具有鼓励性的人际关系）、"绩效"（他与追随者并肩努力来取得成果）、"人才培养"（他已培养周围人员）或是"人格魅力"（他用世界一流的水平发展员工和企业）？

谁能影响此领导者？谁又是他的追随者？人们喜欢他们做榜样吗？他的模范榜样有正确的优先次序原则吗？

他会影响哪些人？追随者的素质也会反映领导者的素养，他的追随者是积极进取的生产者还是一群只会点头附和的无用之才？

斯图亚特·布里斯柯（Stuart Briscoe）在其著作《普通人的纪律》（Discipleship for Ordinary People）中，讲述了一个年轻牧师为退役老兵主持葬礼的故事。老兵的战友为了悼念他，特地请求这位牧师领他们走近棺材吊唁，然后再一一穿过那个侧门出去。可是因为牧师走错了门，此番吊唁没有达到预期的效果。在其他哀悼者的众目睽睽之下，这些老兵急忙走进一间休息室，而后仓皇退避。每一位领导者都必须要清楚他们的目的地，而且每一个追随者最好也能确定，带领着他的领导者是否明白自己正在做什么事。

积极的态度

积极的态度是一个人毕生最宝贵的财富之一。我非常坚信这一点，并写成著作——《成功的态度：个人成功的关键》（The Winning Attitude: A Key to Personal Success）。人们总是说他们的问题并不在于问题本身，而是他们的态度导致他们无法更好地处理生活中的困难和障碍。

一个用积极的角度看待人生的人被称作是不受限的人。换言之，他们并非像多数人的生活那样深受生活的正常限制和约束，而是在接受失败前，决定竭尽全力去接近自己的目标。拥有积极态度的人能够到达其他人无法到达的地方，能够完成其他人无法完成的事。他们不会被自我局限性所控制。

拥有积极态度的人就像是大黄蜂。根据空气动力学原理，大黄蜂身体的大小、重量和体型相对它两翼张开的宽度来说都不是最佳匹配，飞行对于它来说是有一定难度的。但大黄蜂每天仍四处采集蜂蜜。

这种不受限的思维模式可使一个人每天都拥有乐观的情绪，就像我曾经读过的一位电梯操作员的故事：一个星期一的早晨，在已满员的电梯中，电梯操作员哼着愉快的小调。一位乘客被这位电梯操作员的情绪所激怒，喃喃道："有什么事让你这么开心？"这位电梯操作员回答道："是的，先生。今天是我以前从未经历过的一天。"拥有积极的态度，不仅未来一片明亮，而且现在也过得很愉快。积极的人认为，旅程和目的地一样，都是令人愉悦的。

我们应这样看待"态度"：

它是真实自我的先遣者；

它的根在内而果实在外；

它是我们最好的朋友，也是我们最可怕的敌人；

它比我们的言语更诚实、更有一致性；

它是我们对以往经历的表现；

它既能吸引他人也能抵制他人；

它只有表达出来才能得以满足；

它是我们过去的图书管理员；

它是我们当前的发言人；

它是我们未来的预言者。

态度为领导者及其追随者定下了基调。

卓越的人际交往技能

一个不具备人际交往能力的领导者很快便会失去其跟随者。安德鲁·卡内基是一位极其出色的领导者。据报道，他每年给查尔斯·施瓦布（Charles Schwab）一百万美元的年薪，就仅因为查尔斯具有卓越的人际交往技能。卡内基周围还有其他领导者对他要求的工作了如指掌，而且在经验和培训方面都是该工作的最合适人选，但这些人缺乏能够获取他人帮助的人格魅力。而施瓦布却能使他的追随者发挥最大的潜质。人们可能会羡慕天资和能力兼备的人，但他们不一定会长期追随他。

卓越的人际交往能力表现在真诚地关心他人、理解他人和在要事上积极地与他人互动交流等方面。成功的领导者深信，对他人而言，我们的态度决定了他们对我们的态度。

显著的天赋

上帝赋予了每个人不同的天赋。作为领导者，我们的职责之一就是在考虑聘用一个人时，评价这个人的天赋。我把每项工作的候选人都看作是"可能"的领导者。据我观察，有以下四类"可能"的领导者。

"不可能是"的领导者：这类人只是缺乏完成一项特殊工作的能力。正如我前文所提，所有人都拥有天赋。然而，并非所有人都具备随时担当特殊职务的天赋。如果"不可能是"的领导者被分配到没有能力完成的工作岗位上，将会遇到挫折，变得沮丧，也常会因失败而被他人指责，最终一事无成。如果重新定位的话，他则有机会挖掘自身的潜质。

"可能是"的领导者：这类人拥有天赋和才能，但缺乏自律性。他甚至可能是一个拥有超凡能力却无法表现的人。这样的人须要开发、培养其自律性，让他们有所作为。

"应该是"的领导者：这类人拥有朴素的天赋，但却很少有施展技能和才华的机会。须对其加以培训。一旦接受过此类技能的拓展和开发，那么他将开始成为天生所应该成为的那一类人。

"必定是"的领导者：这类人唯一缺乏的就是机遇。他们拥有优秀的天赋、出色的技能、正确的态度，以及驱动力。是否能成为应该成为的那种人，这取决于作为领导者的你能否给予他机会。

上帝创造了所有人与生俱来的天赋，但也产生了两种结果：一种是埋没它，一种是探索它。成功不仅取决于两种结果中哪一种得到最大限度的发挥，还在于你的决定：用之成功，弃之失败！

成功经历

诗人阿奇博尔德·麦克利什（Archibald MacLeish）曾说过："只有一件事比吸取经验更痛苦，那就是不吸取经验。"领导者只有明白这个道理后，才能在时间和经验中学习、取得成功。所有创新突破、努力追求事业的人都会犯错。没有成功经历的人既没从经验中吸取教训也从未努力尝试做过什么。

我和很多天资聪颖、具有成功经历的人一同共事过。当我开始创办公司时，团队中有两位具备极高领导才能的一流领导者（他们在评估现有领导力素质中的得分最高）：迪克·彼得森（Dick Peterson），在IBM公司已就职多年，并很快地证明了以往的经验在他身上发挥了很大的价值。当我与他在1985年共同开办我的一家公司——Injoy培训机构时，迪克早已有优秀的业绩。起初，我们拥有很好的潜质但缺少资源。后来借助迪克的努力、计划和洞察力，使小本经营的业务发展成为一个给企业培训的机构，并影响了国内外成千上万的领导者。迪克在担任Injoy公司董事长期间，帮助公司摆脱了困难局势。

一个成功的领导者总会有成功经历。

还有一位是圣地亚哥地平线卫斯理教会的资深牧师丹·赖兰（Dan Reiland），他有另一番截然不同的经历。他完全是由内部提拔而成。起初他是卫斯理教会（我作为高级牧师已领导此教会14年）的教徒。参加神学院后，他便作为实习牧师回到了教堂。

他并不是所有实习牧师中最优秀的。事实上，我从未认为他会成功。但在我的指导下他努力工作，很快变成了员工中最优秀的牧师之一，并且具有出人意料的业绩和成功的经验。因此，我便让他担任教堂的主任牧师并继续培养他。1995年我离开了牧师职位，全心全意经营Injoy公司，从那以后便由他领导教会。现在他已成为全国公认的最好的教堂顾问之一。最近，丹担任了行政路口社区教堂（Crossroads Comminity Church）的牧师。无论他在哪里担任领导者，他都具备开发其他领导者的能力。

管理大师罗伯特·汤森（Robert Townsend）提到："领导者的身高、年龄、外貌和条件各不相同。某些是较差的行政管理人员，某些人则不太聪明。大多数都是普通人，所以只有真正的领导者才能够被甄别出，因为不管怎样，他的下属都会做出良好的业绩。"一定要多了解领导者过去的表现，一位成功的领导者总会有出色的业绩。

自信

人们不会跟随一个没有自信的领导者，而是会很自然地被自信满满的人所吸引。俄罗斯军事政变时发生的一个故事就是极好的例子。坦克部队已经包围叶利钦总统的政府大楼和其民主派支持者，高级军事将领命令坦克部队向叶利钦开火。随着军队进入阵地，叶利钦从大楼里走出来，爬上一辆坦克，注视着该将领并欢迎他们加入民主派。事后这位将军承认，他们本来并未准备倒向叶利钦一边，但是因为叶利钦显露出的自信和威风，于是与士兵们商讨后便决定与他站在同一阵营。

信心是态度积极的表现，有卓越成就的人和领导者无论处于何种环境之下都能保持信心。棒球选手泰·柯布（Ty Gobb）就是一个典型的例子。在柯布70岁时，一个记者问他："假如你现在上场，会击出怎样的成绩？"这位一生打击率为0.367的选手说："大约是0.290或者0.300。"记者又说道："这是像滑雪者一样的新投手所应有的成绩，对吗？""不，"柯布说，"是因为我70岁了。"自信心很强的领导者会了解和欣赏别人的自信。

自信心并非仅是为了展现，它要给人以力量。一个优秀的领导者有能力在企业中逐渐灌输他的自信心，也有能力培养他人对自己的信心。

一位优秀的领导者有能力在企业中逐渐灌输他的自信心，也有能力培养他人对自己的信心。

自律

伟大的领导者都拥有自律性，无一例外。遗憾的是，我们的社会寻求的是即时满足而不是自律。我们想要速食早餐、快餐食品、自选电影和自动柜员机的快速取现。但成功并非一蹴而就，领导力也同样如此。正如艾森豪威尔将军（General Dwight D. Eisenhower）所言："没有讨价还价的胜利。"

在这个即时满足的社会中，我们不可能理所当然地认为雇用的潜在领导者都能自律，并乐于付出代价成为出色的领导者。开始自律时，人们必须从这两件事中选择其一：伴随着牺牲和成长痛苦的自律；或伴随捷径和错失良机的后悔的痛苦。生活中每个人都面临选择。在《成功的风险》（Adventure in Achievement）一书中，詹姆斯·罗恩（James Rohn）说："自律的痛苦仅有几盎司重，但后悔的重量却是几吨重。"

我们对潜在领导者在自律方面的要求体现在以下两个方面：第一是情绪方面。高效的领导者承认他们的情绪反应由自己负责。情绪不受他人行动影响的领导者会被赋予一种前所未有的自由。正如希腊哲学家爱比克泰德（Epictetus）曾说的："不能主宰自己生命的人，就不会拥有自由。"

第二是时间方面。世界上每个人每天都拥有同样的时间，但每个人的自律程度则会影响他们如何有效地利用这些时间。自律的人总是在进取，总是在努力改进，并最大限度地使用时间。在具有自律性的领导者身上，我发现了以下三个特征：

- 他们为自己设定长期或短期的目标；
- 为实现以上目标，他们自己制订计划；
- 他们的渴望和愿望激励他们为达目标不懈努力。

取得进步要付出代价。当你面试一位潜在的领导者时，就要评估他是否愿意付出这些代价。深受大众喜欢的卡通漫画《齐格》（Ziggy）的作者在描绘以下剧情时，对此颇有认识：

> 我们的朋友齐格，开着他的小轿车，沿途看到一个路标上用粗体字写着："通向成功之路。"齐格继续沿着这条路行驶，看到了第二个路标，上面写着"收费站"。

有效的沟通技能

永远不要低估沟通的重要性，它会花费我们大量的时间。在《沟通的过程》（*The Process of Communication*）一书中，伯洛（D.K.Burlow）的一个研究报告表明：美国人平均每天花费70%的有效时间在口头沟通上。福特总统（Gerald Ford）曾说："生活中没有任何东西比有效沟通更重要。"没有有效的沟通能力，一个领导者就不能发挥其潜能，就不能有效地传达蓝图和指导他人的行动。

领导者传达自信的能力和有效沟通的能力是相类似的，两者都需要自身先行以及追随者给出反应。沟通是积极的互动。当沟通只有单方时，可能会显得滑稽可笑。你或许听说过一个关于法官审理一桩离婚案件的故事：

"你为什么想要离婚？"法官问，"是什么理由？"

"一切都结束了。我们只有一英亩半地。"女方回答道。

"不，不是。我想知道你对你的丈夫有怨恨吗？"法官说。

"是的，能容纳两辆车。"

"我需要的是离婚的理由。"法官不耐烦地说，"他打你吗？"

"哦，不。我早晨6点起床晨练。他起得晚一些。"

"请问，你想离婚的理由是什么？"法官恼怒地说道。

"哦，我们之间好像无法沟通。"她回答说。

当我在评定一位潜在领导者的沟通能力时，我会着重观察以下几方面：

- 真正地关注与你谈话的对方。当人们感到你真正地注意他们时，他们会很愿意倾听你所说的一切。喜欢他人是沟通能力的开始。

喜欢他人是沟通能力的开始。

- 专注于回应者的能力。不擅沟通的人只关注于自身和自己的意见。善于沟通的人不仅重视谈话对方的反应，而且也会注意对方的肢体语言。当我面试应聘者时，如果他无法理解我想转换话题的肢体语言，那么他的面试也就失败了。
- 与各类人的沟通能力。优秀的沟通者能够使他人感到轻松自在，同时他也能尽可能地找到理解不同背景的人的方法。
- 与谈话对方的眼神交流。大多数坦诚直率的人都愿意注视你，正直和信任使得沟通变得可靠可信。
- 热情的微笑。搭建沟通桥梁的最快方式是微笑。笑容能克服难以逾越的沟通障碍，跨越文化、种族、年龄、阶级、性别、教育和经济地位的界限。

如果我期望一个人担任领导职责，我也一定会要求他具备良好的沟通能力。

不满于现状

我曾经告诉过我的员工："现状"这个词在拉丁语中的意思是"我们所处的困境"。领导者能看到现状，更重要的是他们从不满于现状，能看到将来的愿景。从定义的角度来看，当领导者就要走在前面，开辟新天地，征服新世界，摆脱现状。唐娜·哈里森（Donna Harrison）指出："伟大的领导者永远都不会满足于当下的表现和成绩。"他们要超越现状，并要求周围的人同样如此。

不满于现状并不意味着不断抱怨和拥有消极的态度，而是一种异乎寻常的意愿和承担风险的心理。一个拒绝因冒险而带来改变的人是不会成长的。一个安于现状的领导者很快会变成跟随者。贝尔大西洋公司(Bell Atlantic Corporation)的前执行总裁雷蒙德·史密斯（Raymond Smith）曾说过："选择走保险的路，做好分内的工作，且不寻求任何改变，也许不会让你被解雇（至少不会马上），但这并不益于你或你公司的长远发展。我们都不是傻瓜，知道行政人员不难找，而且花很少的资金就能留住。但领导者——承担风险者却难以寻觅，更何况拥有卓识远见的人才是真正的黄金。"

一个安于现状的领导者很快会变成跟随者。

风险对于宁愿固守老问题不愿寻找新策略的人而言似乎是危险的。在应对旧问题和寻找新策略上所投入的精力和时间差异很小，唯一的区别在于态度。当寻求潜在领导者时，应当寻找那些能提出解决问题方案的人。

寻找那些能提出解决问题方案的人。

出色的领导者总是设法寻找和发现潜在领导者。伟大的领导者则不仅要发现他们，而且还要将他们变成卓越的领导者。这些都来源于一种甄别能力和发现领导者的策略。你计划怎样寻找和甄别潜在领导者呢？

第四章
领导者的关键任务：培育潜在领导者

现在，很多企业都没有充分地发挥其自身的潜力。为什么？原因就是他们给予员工的唯一酬劳就是薪水。雇主和雇员之间的关系从未有过突破。然而，成功的企业则会采取不同的方法。人们工作不仅仅只是为了薪水，他们还想得到领导者对他们的培育。这种培育能够改变他们的生活。

培育他人能改变他们的生活。

只要发现潜在领导者，你就要着手开始将他们培育成真正的领导者。为了做到这一点，你需要"BEST"策略。使用这一策略能够提醒我，他们在我的企业中开始工作时都有哪些需要。他们需要：

  相信他们（believe）
  鼓励他们（encourage）
  与他们共享（share）
  信任他们（trust）

"BEST"策略是培养你周围领导者的下一要素的开始：培育潜在领导者。

培育有益于每个人。当领导者相信他、鼓励他、与他分享一切并信任他时，那个人则会感到更安全、更受激励，而且更富有成效。最重要的是，培育可以塑造出强烈的情感，创造专业的基础。利用培训和开发，都可以造就出一位领导者。

　　培育的过程不只包括激励，还包括树立榜样。事实上，领导者在培育过程中的主要责任是身体力行，如领导力方式、工作态度、责任、品质、公开性、一致性、沟通技能和信念，甚至是当他对周围人做出贡献时，也同样起着榜样作用。树立榜样的最佳时机是领导者以身作则、言传身教或成为其团队一员的时候。18世纪的作家奥利弗·哥德史密斯（Oliver Goldsmith）曾说过："当人没有其他榜样，只能复制自己时，几乎无进步可言。"领导者必须自己树立榜样，让他人效仿。

　　马克·吐温（Mark Twain）曾说："虽然自己做好很了不起，但能教别人做好，则更了不起，甚至更轻松。"我按马克·吐温的话推论出："领导别人做好，很了不起，但自己做好后再领导他人做好，则更了不起，甚至更艰难。"我承认，因为每个人天生的资质不同，自己做好后再教他人做好并不简单。每个人都能为不对周围人奉献付出而找到理由。出色的领导者知道这一难处，但依然会竭力培育他们的员工。他们明白，领导者的付出和培育能对员工产生积极的作用，而且他们也注重这些积极的效果。

　　以下这些事是领导者在培育周围的潜在领导者时必须要做的事。

为你自己选择一个领导者典范

作为领导者,你和我首先要为自己找到合适的领导典范负责。请慎重考虑你要跟随的领导者,因为他们将决定你的前程。在挑选所要跟随的领导典范之前,要问自己以下六个问题。

1.我所选的领导者典范值得跟随和学习吗

这个问题与品质的优劣有关。如果答案不够肯定,我就不得不小心。我将成为自己所跟随和学习的这个人,但我并不想效仿那些有瑕疵的品格。

2.我所选的领导者典范有追随者吗

这个问题着重强调信誉。可能是你第一个发现此领导者值得效仿,但这种情况并不常发生。如果这位领导者没有追随者,他可能就不值得追随。

如果对于以上两个问题,我的答案都是否定的,那就不必继续看下面4个问题。我须要重新寻找其他典范者。

3.影响他人跟随此领导者典范的主要原因是什么

典范者能提供给我什么?他的优势是什么?而且还要注意,优秀的领导者既有优点也会有缺点。我不想因为疏忽而模仿到其缺点。

4.我所选的领导者典范能培育出其他领导者吗

这个问题的答案将告诉我,在培育新领导者方面,此领导者典范的领导重点是否与我一致。

5.此领导者典范的优点可否被模仿

倘若我无法模仿他的优点,那么他的示范将对我毫无用处。例如,如果你羡慕篮球中锋沙奎尔·奥尼尔(Shaquille O'Neil),但你的身高只有5英尺9英寸,体重只有170磅,你就无法模仿他的优势。找寻合适的领导者典范,并努力改进。因为大多数优点和长处是能够通过学习而得到的,所以不要很快断言某些长处无法效仿和学习,也不要限制你潜能的发挥。

6.假如领导者典范的优点能在我的生活中重现,我应采取什么措施来发展和展示这种优势

你必须制订一套行动计划。如若你仅是回答这些问题而从未实施计划来开发自己的优点,那么你只是在做一项智力练习。

我们也许能、也许不能接触到所选的领导者典范。也许有些领导者典范是国家领导,如总统;有些是历史人物,他们都能让你受益,但并不会以个人良师益友的身份出现。

指导关系的准则

当你找到个人的指导老师时，使用以下准则将有利于你和这位指导老师发展积极的指导关系。

1.提出恰当的问题

在你与指导老师见面前，想想你要问他的问题，让这些问题成为你自身成长的策略性问题。

2.阐明你所预期的效果

在一般情况下，指导的目标就是改进，而非精确完美。可能只有少数人能够真正的完美无缺，但我们所有人都可以变得越来越好。

3.接受作为下属和学习者的身份

不要让"自我"阻碍学习的道路。如果你试图以你的知识或能力来给老师留下印象，那么你们之间将会产生隔阂。这也会妨碍你接受他所教授的知识。

4.尊重但不要崇拜指导老师

尊重才能让我们谦逊地接受指导老师所教授的内容。但把指导老师当作崇拜偶像则会影响我们判断和评论的能力。老师的知识和经验要适合自己才是最重要的。

5.立即实践你所学的东西

在最好的指导关系中,所学到的知识能迅速用于实践。学习,实践然后吸收。

6.在指导关系中要保持自律

安排充足和连贯的时间,提前选择主题,并做好充分的准备使学习更有效。

7.用自己取得的进步回报导师

如果你只表现出了感谢而没有进步,那么导师就是失败的。你的进步对他而言是最好的回报。努力成长,展现出你的进步。

8.永不言弃

让你的导师了解你要不断进步的决定和你的坚持不懈——获取成功的决心。这样,他才会明白,他并非在浪费光阴。

你个人的成长无可替代。如果你不接受指导和成长,就无法培育和发展你周围的人。

构建信任

我已明白,在创建个人或职场关系中,信任是唯一重要的因素。沃伦·本尼斯和伯特·纳努斯认为,信任是"追随者和领导者紧密联系在一起的黏合剂"。信任隐含着责任义务、可预见性和可依靠性。尤其是,追随者都期望相信和信任他们的领导者。他们希望能够说:"有一天我要成为他那样的人。"如果他们不信任你,他们就不会有这样的期许。其他人在追随你的领导能力前,首先必须要信任你。

信任要一天一点地逐步建立,它要求的是持之以恒。领导者背离信任的行为包括:违背诺言、流言蜚语、隐瞒信息和言行不一。这些行为损坏了为发展潜在领导者而建立信任的必要环境。当对领导者失去信任时,这位领导者须要付出加倍的努力去重新恢复它。如基督教领袖谢丽尔(Cheryl Biehl)曾经说过的:"如果你在所有事情上都不能相信某个人,那么任何时候你都不会再真正地信任他。"

每年秋天我都期待着看可怜的查理·布朗(Charlie Brown)能试着踢定位球。但他总是因为助手露西(Lucy)在最后时刻把球挪开而扑空。露西夺走球后,常常告诉查理,她只是想教他不要过于信任他人。但查理仍然继续踢球,年复一年。为什么?查理愿意真心地相信他人。露西不是领导者,而且以后也绝不会是。领导力只能在信任的基础上建立,而露西不值得信任。

> 领导力只能在信任的基础上建立。

人们不会跟随他们不信任的领导者。积极培养周围人对他的信任是领导者的责任所在。信任建立在很多方面：

时间：花时间倾听他人的想法，并对他们的表现给予反馈。

尊重：尊重潜在的领导者，他们也将会以信任作为回报。

无条件积极关注：显示出对他人的接受。

敏感性：预感潜在领导者的需求和感受。

接触：给予激励，如握手、互相击掌或拍拍背赞扬一番。

一旦人们将领导者看作是可信赖的人，那么就能够信任他们的领导力。

展示透明度

所有领导者都会犯错误，但成功的领导者会意识到自己的错误所在，并从中吸取教训，努力纠正缺点。一项对105位成功主管的调查研究表明，成功的主管具有很多共同的特征。其中被认为最有价值的一项特质是：他们承认错误并承担后果，而不是试图将错误归结给他人。

我们生活中的很多人都在逃避，企图让他人为自己的行为和处境承担责任。这样的生活态度所处可见。电视广告每天都鼓励我们在遭遇事故或宣布破产时提出赦免债务责任的请求。乐于主动为其行为承担责任且待人诚实、坦率的领导者会得到人们的羡慕、尊敬和信任。这样的领导者也是人们效仿学习的榜样。

付出时间

　　通过远距离或稍纵即逝的关注是不可能培育出人才的。培育人才需要你特意安排时间和他们比肩作战，而不仅仅是会议过程中的只言片语。在企业中，我将与领导者保持接触视为首要工作。我为我的员工安排培训并亲自授课，单独指导，同时还召开会议让团队成员信息共享，互相交流沟通。我经常与潜在领导者共进午餐，并与他们一起检查所负责领域的工作进展情况，在需要时给予他们支持和帮助。

　　我们生活在一个节奏迅速、需求多变的世界，时间极其可贵，也是每一位领导者最珍视的。彼得·德鲁克曾写道："也许，只有通过对时间的珍惜度才能鉴别出高效优异的领导者。"时间是无价的，但花在潜在领导者身上的时间却是一种投资。当你努力于此时，它将使你、你的企业和接受者受益良多。培育领导者必须要具有一种奉献精神。诺曼·文森特·皮尔（Norman Vincent Peale）在谈到这一点时，也表示："为自己生活的人是失败的，为他人生活的人才能获得真正的成功。"

　　花在潜在领导者身上的时间是一种投资。

相信他人

当你相信他人时,你便会激励他人发挥潜能。同时,人们也会直观地感觉到。人们都只能看到他们的现在,而领导者却能看到他们的未来,鼓励他们向这个方向发展,并且相信他们一定能够成功。

> 当你相信他人时,你便会激励他人发挥潜能。

人们总是向着领导期许——而不是批评和审核——的方向发展。审查只能衡量进步,但期许却能推进进步。你可以聘用他人为你工作,但你必须依靠信任赢得人心,让他们和你一同奋斗。

给予鼓励

很多领导者都希望他们的员工能够自我激励。相反，大多数员工需要的却是外界的鼓励来驱使他们，这对他们个人的成长和发展尤为重要。内科医师乔治·亚当斯（George Adams）发现，激励对于每个人的存在至关重要，如同"精神氧气"一样。

新任的领导者需要激励。他们来到新环境时，会遇到很多变化，也要亲身经历许多变化。激励能够帮助他们发挥自身的潜质，也能在他们遇到挫折时给予他们继续前行的动力。

用各种积极有力的方式对待你周围的人。不要认为别人接受工作是理所当然的，应当对此说一声"感谢"。当他们有所提高或做出成绩时，给予赞许，并且尽量让每一次的鼓励都适合个人的特色。注意，激励某人的同时可能会让其他人反应冷淡，甚至恼羞成怒。因此，要找到适合每个人的激励方法。

加利福尼亚大学洛杉矶分校的篮球队教练约翰·伍登告诉投球手要给传球手一个微笑、一个眼神或向他们点点头。一位队员问："如果他不看怎么办？"伍登回答说："我保证他一定会看。"每个人都会珍惜别人给予的鼓励，也会努力寻求它——特别是当他的领导者一贯善于鼓励他人时。

展现连贯性

与其他培育对象一样,连贯性是培育潜在领导者中最重要的一部分。当我们保持连贯性时,我们周围的人就会开始信任我们。因为了解了我们的期待,所以他们才得以成长和发展。当遇到困难抉择的情境时,他们则会问:"我的领导者在这种情形下会怎么做?"无论在任何情况下,他们都会有安全感,因为他们能够预感到领导者的反应。

可能你听说过有关一个农夫连续几年遭遇灾荒之年的故事。农夫去拜访他所在银行的经理:

"我有一些好消息和坏消息要告诉你,你想先听哪一个?"农夫问道。

"为什么不先告诉我坏消息?说吧。"银行经理回答道。

"好。由于严重干旱和通货膨胀,我今年无法偿还抵押贷款,不管是利息还是本金。"

"这确实是坏消息。"

"最糟糕的是,我也无力偿还购买机器的贷款,不管是本金还是利息。"

"哦,这个更糟糕。"

"你记得我还借钱买了种子、化肥和其他东西吧,我也无法偿还本金或利息。"

"这确实糟糕透了！够了，告诉我好消息吧。"

"好消息是，我打算继续与你合作。"农夫回复道。

幸运的是，多数潜在领导者都比我们的这位农夫朋友做得好。他们在扭转局面之前，不需要这样长久的支持。当我们相信这些潜在领导者时，我们应不断持续地支持和激励他们，给予他们更多坚持不懈的力量。

满怀希冀

希望是领导者能给予其周围员工最好的礼物之一。希望的力量不可低估，它能在人们自身寻找不到希望时，让领导者为他们指明前方的道路。温斯顿·丘吉尔深知希望的价值所在。在第二次世界大战期间，他作为英国首相，曾被记者问道，他的国家依靠什么力量来抵抗希特勒的暴行。他毫不犹豫地回答说："英国最伟大的力量一直都是——希望。"

人们拥有希望，就会不断努力工作、不断奋斗。希望能提升士气，也能够改善自我形象，更能重新给予人们力量，让人们更有期待。领导者的责任之一便是满怀希冀，并为下属灌输这种希望。只要给予他们希望，他们就会拥有信心和期望。克莱尔·布思·卢斯（Clare Boothe Luce）在《春天的欧洲》（*Europe in the Spring*）中引用了英雄马歇尔·福克（Marshal Foch）所说的一句话："没有绝望的情境，只有绝望的人。"

领导者的责任之一就是满怀希冀。

保持希望来源于在任何情况下都能看到潜力并保持积极的心态。摩根博士（Dr.G.Campbell Morgan）讲述过这样一个故事：芝加哥的一家商店在大火中被烧毁后，第二天这家店的主人把桌子搬放到废墟上，并贴着一条标语："除了妻子、儿女和希望，其他一切都不复存在了。明天早上，本店依旧营业。"

添加意义

没有人愿意花费时间做一些无关紧要的事。人们都希望做富有意义的事。员工总会这样说："我想感受自己已取得的成绩、已完成的工作和其所带来的不同。我渴望完美，我希望自己从事的工作意义非凡。我想获得表彰。"人人都想生活得有意义。

给所领导的员工的生活赋予意义是领导者的责任，方法之一便是让他们参与到有意义的事情之中，成为其中的一分子。生活中很多人沉浸于某个舒适的位置并停留在此，而不去追求有意义的目标。但领导者却不能这样做。每一位领导者必须要问自己："选择苟活于此、追求成功还是找寻生活的意义？"最优秀的领导者都渴求追寻生命的意义，并将时间和经历都投入到追求自己的理想上。《华盛顿邮报》（*Washington Post*）前行政总裁凯瑟琳·格雷厄姆（Katharine Graham）曾说过："热爱你所从事的工作并从中感受其所带来的意义——还有什么比这个更有意义的呢？"

摩西·罗森（Moishe Rosen）所教的一种智力练习，是帮助人们识别自己梦想的有效方法。他要求人们完成以下句子：

如果我有_____

我会_____

这个设想是，假设你拥有想要的一切——如无穷的时间、金钱、信息和无数的员工（所有你可能需要的资源），你会怎么做？这个问题的答案就是你的梦想。

为你的梦想付诸行动会给你的生活增添意义。历史上有一个典型的例子：每个人都听说过牛顿通过观察苹果落地发现万有引力定律的故事，但很少有人知道发现哈雷彗星的天文学家埃德蒙·哈雷（Edmund Halley）对牛顿定律的推广起到了至关重要的作用。他引导牛顿认真思考其最初的想法，纠正牛顿在数学上的错误，而且还准备了几何学图表支持牛顿的工作。他不仅鼓励牛顿写下《自然哲学的数学原理》（Mathematical Principles of Natural Philosophy）一书，而且还帮忙编辑、监督出版，虽然牛顿能够担负得起出版费用，但他仍然为其资助印刷。

哈雷鼓励牛顿实现梦想，这给牛顿的生活带来了无法估量的意义。牛顿便很快取得了不错的成果，而哈雷却所获极少，但他一定会因鼓励了科学史上伟大的革命性思想的形成而感到巨大的满足。

认识并追求梦想，使其成为个人可达到、衡量、见证和扩展的部分。对于梦想和其意义的渴望能让我们最大限度地释放潜能，而且梦想的实现还会丰富我们的人生。

为你所领导的员工增添意义的另一种方法是为他们展现全局状况，让他们明白怎样做才能对此有所贡献。许多人只忙于眼前的事务而忽视了他们所做工作的重要性。

我的一名员工曾担任过一所职业大学的系主任。他告诉我，有一天他带着一个新雇员熟悉情况，在介绍每个人和其职务时，一位接待员无意中听到他说她的职位非常重要，这位接待员便回应道："我并不重要，我每天所做的最要紧的事就是填写一份报告。"

"没有你，这所学校将不复存在。"系主任回答道，"每一位来到这里的新生都会首先和你说话。如果他们不喜欢你，也就不会喜欢这所学校；他们不喜欢这所学校，也就不会来到这里了。这样下去，我们没有学生，也就只能关门大吉了。"

"噢，我之前还没有想到过这些。"她回答说。系主任看到她马上变得自信满满，端坐在桌子旁接起电话来。她的部门领导从未向她解释过这个职务的意义所在，也没有介绍过她在此机构中的作用。因为看到了全局，她才为自己的生活增添了意义。

提供安全保障

诺曼·卡森斯（Norman Cousins）曾说："当人们忘记梦想，沉迷于担忧的恐惧中时，没有什么比这更让人产生不安全感。"每天陷于担忧和害怕中的人不会有进步，反而会变得呆滞。领导者有责任为其追随者的进步和发展提供安全的环境。有安全感的潜在领导者会更愿意冒险、努力超越、开拓新天地并取得成功。伟大的领导者会使他们的追随者感受到自身实力的强大。很快，追随者也会开始思考、行动并超越自己，最后，他们则会开始发展到自身所预期的水平。

亨利·福特曾说："一个人最伟大的、最让人惊奇的发现之一，就是做到他所惧怕的事情。"重视培育潜在领导者的领导者会为他们提供所需的、具有安全感的环境。

奖励成果

员工会根据我们的期待值不断提升，他们将努力尝试为我们给予的奖励而付出回报。如果你想让员工为你工作，那么你必须要奖励他们的工作成果。

IBM的创始人托马斯·沃森（Thomas J.Watson）因经常带着支票本穿行于各工厂和办公室间而著名。当他看到某位员工工作出色时，就会开一张5美元或25美元的支票给这位员工。金额虽少，但对员工的工作却有巨大的影响。在很多情况下，员工们并不会去兑现此支票，而是将它裱好后挂在墙上，他们认为奖励并不只是表现在金钱上，而是表现在对他们工作的认可上。这就是奖励、报酬的意义所在，它能让员工个人发挥到更好的水平。

如果得到的只有气馁而不是奖励，即使是勤勉、辛勤工作的人，最终也会丧失士气。你是否知道小母鸡烘焙面包的儿童故事，以下是这个故事的现代版：

一天，小母鸡趴在谷场上，找到了几粒麦子。她叫来邻居，说："如果我们将这些种子种下，以后就有面包吃了。谁来帮我种？"

"我不种。"牛说。

"我不种。"鸭子说。

"我不种。"小猪说。

"我也不种。"小鹅说。

"那我自己来种吧。"小母鸡说完后便自己去种了。麦子长势迅速，不久并结出了金黄的麦粒。"谁来帮我收割麦子？"小母鸡又问。

"我不收。"鸭子说。

"这不是我们做的事。"小猪说。

"这会损失我的资历。"小牛说。

"这会让我损失失业补助。"小鹅说。

"那我自己收割吧。"小母鸡说道。

收割完麦子后，终于到了烘焙面包的时候。"谁来帮我烘焙面包？"小母鸡又问道。

"那要给我付加班工资。"小牛说。

"我会损失福利补助。"鸭子说。

"如果只有我去帮忙的话，不太公平。"小鹅说。

"那还是我自己做吧。"小母鸡说。她烘焙好了5个面包并拿去给她的邻居们看。邻居们都想吃，并要求小母鸡拿来分享。但小母鸡说："不，我能吃得下这5个面包。"

小牛喊道："暴利。"

鸭子边哭边说："资本家的压榨。"

"我要求权利平等。"小鹅说。

小猪也小声嘀咕着。于是它们开始写标语、游行，大喊着抵制小母鸡的言辞。

政府代表到达后，对小母鸡说："你不能太贪婪。"

小母鸡说："这是我一个人的劳动成果。"

"没错。那只是理想的自由竞争制度。谷场的任何人都可以挣得他想要的东西。但根据政府的管理条例，有劳动成果的人员必须要与其他非劳动者一起分享劳动成果。"

从此以后，它们开始幸福地生活着。但小母鸡的邻居都不知道为什么它以后不再烘焙面包了。

我们作为领导者不能像那位政府代表一样。我们必须要认可和激励劳动者，还要注意不能助长懒惰思想。认真看看你的企业，看看你给员工奖励的是什么。

建立保障体系

要求员工为你做事而不为他们提供所需的资源,没有什么比这更挫伤员工士气的事了。我相信所有的潜在领导者都需要以下五个方面的支持。

1.情感支持

提供一个"你能行"的气氛。即使员工在其他方面缺少支持,也能在情感支持下奋力向前。这种支持花费最少,并且能收到意想不到的效果。

2.技能培训

鼓励员工最快的方法之一就是培训他们。接受培训的员工能够感受到企业对他们的信任。由于工作效率的提高,他们的工作水平也会更高。

3.资金投入

有吝啬的领导者就会有吝啬的员工。当领导者不愿意付出时,他的员工也很难会慷慨大方地做出奉献。如果你付出得非常少,就不要期待有大的收获。将资金投入在人力上,总会获得最高的回报。

> 将资金投入在人力上，总会获得最高的回报。

4.设备

为了做好工作，你需要有适合的工具。一个水平低劣的领导者总是以短浅的眼光看待这些事情。在工具上的投资将使你的员工改善工作效率，而且还能提升工作士气。

5.人事关系

提供完成某项工作所需的出色人才。人事关系的问题会消耗潜在领导者的时间和精力，使真正用在工作上的时间少之又少。

为你的所有员工建立一项支持体系。只要任何人取得成功或有所进步，就为此人增加支持。我已在《中层领导力：自我修行篇》中讨论过大家都熟悉的"20/80原则"，这个原则在这里特别适用。企业中顶尖的20%的员工将完成企业80%的工作，因此在安排你的支持体系时，应为这20%的员工提供所有支持的80%。

有支持体系做支撑的人们具备了成功的环境和工具。中部和西南航空服务公司（Central Southwest Services）的汤姆·格迪（Tom Geddie）在一次演讲中，提到的商务训练是合作环境中所有工作情况的最好说明：

> 在地板上画一条虚线，在线的两侧各站一个人，目的是让其中一个人说服另一个人自愿地跨过这条线。美国参赛选手几乎都没有成功说服对方，而他们的对手日本参赛选手只简单地说："如果你跨过这条线，我也跟你一样跨过这条线。"他们交换了位置，两个人都获胜了。

日本参赛选手意识到了合作的重要性和相互间的支持，这是过去50年里他们取得成功的关键因素。当然，这也会是你和你周围领导者拥有成功的决定性因素。

辨别并使潜在领导者的旅程个人化

西奥多·罗斯福（Theodore Roosevelt）曾养过一条小狗，常常与其他小狗打斗。有人说："上校，它不算是一个出色的斗士。"罗斯福回答道："不，它是个优秀的斗士，只是它判断对手的能力有点差。"

领导者必须要善于评判他人。领导力专家彼得·德鲁克常说："最重要的是要追求一种生活，而不仅仅是懂得一些教条而已。"追随一个人，要察觉此人现处的位置，知晓他的去向并满足其需求。人必须要与其工作相符相称。正如德鲁克所言："人们就像是各种各样的花朵。有人像玫瑰花，需要肥料；而有人像杜鹃花，不需要肥料滋养。"如果你没有给予花儿所需的照顾，那么它们永远也不会有枝繁叶茂的时候。领导者必须分清楚哪些人属于哪一类花朵。

在上一章节中，我们已经探讨了如何识别潜在领导者。企业中你所聘用的每一位员工都应该是潜在领导者，但是你不应该个人亲自指导他们。你可以在你的影响力范围内领导和培育每一位成员，但要记住，将80%的时间花费在你周围20%的最有前途的潜在领导者身上。以下是挑选正确的人员进行指导和发展的一些准则。

> 将80%的时间花费在你周围20%的最有前途的潜在领导者身上。

1. 挑选人生理念与你相似的人

选择一位价值观与你截然不同的人员来作为培养对象是非常困难的。

2. 选择你真正相信的且有潜质的人

如果你不信任他们，也就不会将时间投入在他们身上。同样，他们也会觉察到你对他们缺乏信任。另外，相信他们的潜质也就意味着授予他们自主权。虽然国家级运动员中的一些人员来自不为人知的大学，但他们所需的就是要让星探认识到他们的潜力，为他们带来合适的机遇。在任何领域中，指导的精髓在于帮助他人去往他想去的地方。

3. 确定他们需要什么

在确定潜在领导者的所需时，要客观地看待他们的优点和缺点。他们的优点能够指明他们所要前行的方向和他们将要成为怎样的人。他们的缺点则向我们展示出需要帮助他们改善和提升的方面。在激励他们优点的同时还要在克服其弱点上助他们一臂之力，使他们愈加充分地发挥潜能。

4. 不断评价他们的进步

每个人都需要回馈，特别是在他们发展成长的初期。本·富兰克林（Ben Franklin）曾说过："大师的眼睛比他们的双手能做更多的事。"他深知，领导者的评价能力是其最伟大的优势。一位诚实正直的导师会客观看待问题。若有必要，他会鼓励这个人继续坚守阵地，或寻找其他方向的发展，或与其他导师建立学习关系。

5.对你所培育的人要有承诺，且态度严肃

发展潜在的领导者是你对他们承诺的一种反应：没有承诺就无所谓发展，只有伟大的承诺才会有效地发展。

丹尼·托马斯（Danny Thomas）说过："天生我材必有用，只是我们自己还不清楚而已。生活中的成功，与你在生活中的所得或你为自己而取得的成就没有任何关系。成功是你为他人做了什么。"通过指明每个人的不同旅程，帮助他最大限度地发挥潜质，为他提供发现其目标的机会，也会让他为你和你的企业做出最大的贡献。

很多人都同意培育对孩子的成长和发展至关重要。然而，他们在工作中却时常认识不到培育的重要性。他们以为潜在的领导者能够进行自我培育。如果我们作为领导者无法培育周围的潜在领导者，那么他们将不会成为我们所期望的领导者类型，正如爱默生（Ralph Waldo Emerson）所说："一个人如果很真诚地帮助他人，同时也必定是帮助了自己，这是世界上最美的补偿之一。"如果你培养周围的人，那么每个人都会是赢家。

第五章
领导者的日常要求：补给潜在领导者

现在，你已经知道如何甄别潜在领导者，如何创造一个培育人才的环境，以及如何用一些基本方针来培育他们。现在具体看看如何在组织内为培育潜在领导者做准备，这个准备的过程称之为"补给"。

补给与训练类似，但我更倾向于用"补给"一词，因为它能更准确地描述出潜在领导者所必须经历的过程。通常，训练只是专注于一项特定的工作任务。例如，你指导某人去使用一台复印机或以一种规定的方式去接听电话。训练仅仅是某人成为领导者的补给过程中的一部分。

当考虑到如何去补给潜在领导者时，我便联想到这仿佛是为一个缺乏登山技巧的人在做准备。这个准备需要一个过程。诚然，你需要全套装备，如防寒服、绳索、镐子以及长钉，同时还要被训练如何使用这些装备。

然而，除了单纯地拥有这些装备，知晓如何去使用它们外，准备工作还包括体能训练、团队精神的凝聚，这样才能完成一场艰难的攀登。但更重要的是，还必须要学着像一个登山者那般思考，拥有这样的思维模式——亲眼目睹如何征服那座高峰。若未经历这个完整的补给过程，登山者不仅无法登顶，而且还有可能会在山峰的一侧冻僵致死。

补给，就如培育一般，是一个持续的过程。你不可能只花几小时或者一天的时间就为一个人做好充分的补给，也无法用固定的公式或视频资料去计算或者记录它。补给，必须针对每一位潜在领导者的特点制定，要因材施教。

> 补给是一个持续的过程，必须针对每一位潜在领导者的特点制定，要因材施教。

理想的补给者能赋予他人未来工作的长远蓝图，评估周围的潜在领导者，给予他们所要的工具，并从开始就一路协助他们逐步前进。

补给者是一名典范——一名能将一项工作做对、做好，并一贯从事这项工作的领导者。

补给者是一名导师——一名拥有团队愿景，并逐步传播给他人的顾问。他的经验足以让我们借鉴。

补给者是一位授能者——将愿望和能力灌输于潜在领导者，让他们更胜任自己的工作。他能够引领、教授和评估被补给者的进步。

要知道你的鉴别能力如何，请看看这张由作家兼领导力咨询顾问鲍勃·比尔（Bobb Biehl）所做的表格：

影响表现的因素	长远的岗位要求	普遍高于岗位的要求	恰好符合岗位的要求	仍需些许改进	达不到最低要求
素质	一跳便能跃过高楼大厦	良好的助跑才能跃过高楼大厦	只能越过较低建筑物	跳跃时撞到建筑物	连建筑物都辨认不出，更何况跳跃
时效性	快于飞驰中的子弹	与飞驰中的子弹同速	慢于飞驰中的子弹	你相信有缓慢的子弹吗	射击时伤到自己
主动性	比发动机还有威力	比大象的精力还旺盛	比牛更有气力	像被射杀的死牛般	只散发一丝像牛一样的气息
适应性	经常在水上行走般，适应任何情况	只在紧急时候，适应任何情况	只用水冲洗东西，按部就班	只能拿水来饮用，未充分适应	只是紧急情况下才用水解渴，根本无心适应
沟通性	与上帝交谈般	与天使对话般	与自己对话般	与自我争辩般	在争辩中败下阵来

补给过程中的问题

卓有成效的补给过程开始于提出问题。提问可以让他们决定自己的补给方向和补给重点，并为之努力。否则，我们可能会发现自己教授的目的错误，教授的对象错误，传授的知识也是错误的。以团队、我自己、潜在领导者为对象，我开始着手分析这个过程。为了获得所需要的信息，我提出了三个问题。

有关团队的问题

有关团队的问题将确定补给的内容和前进的方向，并让我们更好地奉献于我们的团队。团队的宗旨是什么？在团队中，一位领导者的培养过程必须要以回顾团队的宗旨为开始。（想必团队的宗旨你早已用书面形式记录了下来；如果没有，那么请将它写下来。或者寻求权威人士向你提供一份团队的宗旨陈述。）你无须考虑执行对实现团队宗旨和目标无帮助的补给或训练。

什么是团队的主要需求？如果你清楚团队为了实现目的最需要什么，那么你就会知道主要的补给需求是什么。尽可能具体仔细地确定团队的需求。

是否有一项合适的训练计划来满足这些需求？如果没有，那么你肯定知道从何入手；反之则根据本章的提议进行改进。

团队中的哪些领域最具发展潜力？当你为团队成长准备培训和补给时，应发挥出你的优势，全力以赴。这是主动而非被动的行动。你要将自己投身于一定的环境中，对未来有充分的准备。

必须要由领导者来实现这些潜在的发展领域吗？若不是由领导者来为此付出实际行动，那么这些潜在的增长领域将无法由"潜在"转化为"现实"。若没有领导者，则不得不补给或培育出领导者。

有关自我的问题

涉及团队的问题显示出了补给必须采取的方向，有关自我的问题将明确地表明补给究竟如何进行。作为一名领导者，我必须为补给的整体过程定下基调。

我是否愿意将自己的所有精力奉献给潜在领导者？是的，给予潜在领导者所有的精力和时间是最佳领导者必备的一种生活方式，他们在日常生活中日日如此。团队成员的发展比他们自身的地位发展更为重要。当事情进展顺利时，他们愿意彼此分享。此外，在补给的过程中也包含着个人的牺牲。

我是否能对正在补给的团队做出承诺？补给需要有所承诺。时间和精力是团队领导力中所需的一部分。每个人都知道，领导者自己做一项工作要比教授他人去做更快、更容易，但自己亲力亲为只是权宜之计。从长远角度来看，补给时间拖得越长，补给的旅程就越艰难。因此，它需要团队内每一位成员认真投入，以便在未来获得更可观的回报。

我是否能在需要补给的领域有效发挥？这是个很难回答的问题，但却需要真诚的答案。如果答案是"否"，那么领导者必须在团队的内部或外面寻找一个能高效地在该领域开展训练的人，或者最好先独立自主地补给自己。

我是否已经列出潜在领导者的期望人选？正如我在第三章中提到的，一位优秀的领导者总在不断地寻找潜在领导者。他总是以找到最优秀的人员为开始来进行这项工作。只有当你培育他们时，这群最具潜力的人才会出现。从这群人中，列出潜在领导者的期望人选，并考虑对他们进行后续的补给和培养。

哪些假定是我须要做出改变的？人们常会对他人产生错误的第一印象。领导者时常将期望寄托于那些因错误的第一印象而被假设为会有所发展的人身上。当你意识到自己的判断中已包含了一些假设因素时，你就能够透过表象，深入地发展与潜在领导者的关系，并使其更上一层楼。这也能让你更好、更清楚地了解他们的处境、他们的需要以及你能够提供给他们的东西。

关于潜在的领导者的问题

一旦你明确了团队的补给需求，那么你就必须自我检查并列出一份所期望的候选人员名单。一切准备就绪后，等着最终挑选出需要补给的人员即可。当前的目标是缩小范围，精选出最具潜质的那一小部分人。因此，针对如何发现具有最高潜质的人员，要提出以下问题，以便真正拥有潜质的人员精挑细选。

这个人的人生理念是否与我和团队整体相兼容？如果答案是否定的，那么根本不用考虑补给或指导这个人。兼容性是首要的一点，否则，任何培训都不能使此人成为你所需要的领导者类型。

这个人是否展现出了他的成长潜力？潜力虽无法保证持续成长，但缺乏潜力永远无法展现出成长的可能性。如果这个人没有显示出成长的意愿和能力，那么必须另觅他人。

对于这个人我是否犹豫不决？在这个人被选中接受补给之前，必须先解决这个问题。花些时间与他面谈，以解答你的问题和进行后续的跟进，预防其他问题的发生。你也可以授权那些团队中你所尊重的人来主持面谈，他或许能够发现你忽略的情况。如果你能肯定地回答95%的疑问，那么此人可能是理想的候选人员。但品格问题是例外。如果你怀疑他的品格，那么就一点也不要考虑挑选他作为培育和补给的对象。

我是否会因为这个人的突出优点或未发现的显著弱点而选择他？观察一名潜在的领导者时，如果没有发现一项明显的长处，哪怕是未发现他有很大的弱点，也不要选择他作为补给和培育的对象。即使你很倾向于选择他，也不要这样做。否则，你只会得到一个平庸之辈，你的要求也会逐渐降低。

经营管理大师彼得·德鲁克在《卓有成效的管理者》(*The Effective Executive*) 一书中讲到了亚伯拉罕·林肯（Abraham Lincoln）在任总统期间，挑选将领时所犯的一个错误。他挑选了并无明显缺点的人员，结果，装备精良的北方联邦军队在与南方联盟军对抗时一败涂地。林肯曾一度懊恼不已地说道，如果麦克莱伦将军（McClellen）不计划使用这支军队，他倒想借来用一段时间，这样结局可能不会那么糟糕。

南方联盟军中的将领虽然存在明显弱点，但他们仍是因其卓越的优势而被挑选中的。正是因为这些优势得到了充分的开发和利用，才使得他们连战皆捷。林肯最终吸取了教训，挑选了尤利西斯·辛普森·格兰特（Ulysses Grant）——一名伟大的将军，同时也是个酒鬼，作为北方联邦军队的首领。在你寻觅潜在领导者时，必须要选择拥有明显优势的人员，即使你发现了他的弱点。

潜在领导者适合什么？这个问题有两方面要考虑。首先，一个人的天赋与能力必须适合他所担当的工作。要考虑到其天赋、能力、性格、个人背景、工作经验、掌握的技能、个性以及对工作的热情程度。人们要在他们所占优势的领域接受训练与培育，分派给他们的工作也应适合他们发挥这些优势。我常提及的"20/80原则",也适用于此。一个人应该花80%的时间去做那些最能发挥天赋和才能的事情,这样才能让他获得满足感。

人需要在他们所占优势的领域接受训练与培育。

一个人应该花80%的时间去做那些最能发挥天赋和才能的事情。

其次,他应该"适合"(融入)自己的团队。无论多么伟大的球员,如果他无法与自己的团队和睦共处,那么他对这个团队则毫无帮助可言。

添加一名新成员,总是会给球队带来不一样的"化学反应"。这在体育运动中可以明显看出:一支优秀的队伍都是由扮演各种不同角色的人才组成的,他们在不同位置上发挥作用,以此实现团队的最终目标。(你能想象整支篮球队仅由专职扣篮的七英尺高的中锋组成,没有后卫、投篮手和抢篮板的前锋,也没有组织进攻的队员吗?这显然是一场灾难!)

体育运动之外的队伍同样也须要制定战略。他们必须要有正确的"化学反应"。每一位参与者带着他们特有的风格与才智加入到团队中,彼此尊重和欣赏,才能组建出一支绝妙的、强有力的团队。

如果你仍没有停下手头的事情来回答这些问题,我建议你现在立即这样做,并写下你的答案。如果你有自己的团队,就不能再任由时间溜走,而是要去为自己团队的未来做准备。纵使你不是这个团队的总经理,也可应用这些原则。现在就开始吧!

如何补给团队，走向卓越

现在，你应该知道自己要补给哪些人、为他们补给什么了。之后，就可以开始准备了。以下这些具体步骤将引导你如何完成这整个过程。首先，与你的潜在领导者建立关系。然后，在此基础上，为他们的发展制订一套培育计划，并时刻监督他们的进程，授权他们从事工作。最终，将你的领导力传给他们，助他们走向辉煌。

和你要补给的人之间建立个人关系

所有融洽的上下级关系都是从良好的个人关系开始的。当你所要补给的人逐步了解并喜欢你时，他们便会追随你，向你学习的渴望也会随之增加。如若他们讨厌你，无心向你学习，那么你的补给过程就会减速，甚至停止。

> 所有融洽的上下级关系都是从良好的个人关系开始的。

建立个人关系从听取人们的生活故事及了解他们的旅程开始。你对他们兴趣的关注不仅对他们意义深远，而且也能帮助你了解他们个人的优势和短处。此外，还要询问他们的目标和动力是什么，以便了解他们的个性。我想，你肯定不希望自己补给和培养的人是一个每天花80%时间和满腹牢骚的顾客打交道、最大的爱好只是财务报表和数字的人吧。

了解他人的最好途径之一是在工作以外的方面观察他们。人们工作时，通常都会保持警惕，试图尽力成为别人期望的样子，通过对他们其他方面的了解，你能看清他们到底是怎样的人。只有在其他环境中，才能真实地了解他们。试着尽可能多地去了解他们并尽最大努力去赢得他们的心。一旦他们对你敞开心怀，他们就会很高兴地向你伸出友谊之手。

分享你的梦想

在试图了解他人时，也要与他们分享你的梦想，让他们更好地了解你的努力和你的前进方向。除了实际行动，没有什么能更好地向他们展示你的心思和动机。

伍德罗·威尔逊（Woodrow Wilson）曾经说过：

> 我们因梦想而变得伟大。所有的伟人都是梦想家。他们在春天的薄雾或冬夜的篝火中，看到了自己的梦想。我们中的有些人让梦想消逝，但有些人却一直坚守并呵护着它们，在生命低谷时仍怀有梦想，直至看到光明。光明始终只属于那些真诚希望实现梦想的人。

我时常感到疑惑：到底是人创造了梦想，还是梦想造就了人们？我想这两者都正确。

所有优秀的领导者都有一个梦想。伟大的领导者都会与那些同心同德的人分享他的梦想。正如弗洛伦斯·妮蒂雅（Florence Littauer）所指出的那样，我们必须：

敢于梦想：渴望做些需要自己发挥更大潜能的事情。
准备梦想：做好功课，时刻准备着机会的降临。
展现梦想：放手去做。
分享梦想：让其他人成为你梦想的参与者，这样你的收获则会比你希望的大得多。

寻求承诺

肯·布兰佳（Ken Blanchard）在其著作《一分钟经理人》（*The One Minute Manager*）中说道："兴趣与承诺是存在差异的。当你有兴趣做某些事时，你只会在想做的时候做；当你承诺去完成某些事时，你就会义不容辞地去做。"不要补给或培育那些只对事物感兴趣的人，应培育那些有责任感的、敢于做出承诺的人。

承诺是一种优于一切的品质。它能使潜在的领导者成为真正成功的领导者。没有承诺就没有成功。橄榄球教练卢·霍兹（Lou Holtz）能分辨出"参与"和"真正承诺"之间的区别。他指出："神风特攻队飞行员能够完成50次飞行任务，那仅仅是参与，绝不是对任务的承诺。"

要决定是否让你的成员做出承诺，首先必须确认，他们已明白成为领导者所要付出的代价有哪些。这意味着你必须保证他们没有低估自己的这份工作——让他们知道自己须要做什么，这样他们才能知道要承诺什么。如果他们无法做出承诺，那么就要停止下一步的补给计划，不要再浪费你的时间。

为成长设立目标

人们在实现价值前，要清晰地设立出当前的目标。成功绝非一瞬间的事，它由许许多多的小步骤构成。一系列的目标是潜在领导者遵循前进的坐标地图。正如沙德·赫尔姆斯泰特（Shad Helmstetter）在《你能在变革的时代崭露头角》（*You Can Excel in Time of Change*）中指出："目标形成计划，计划指挥行动，行动达成结果，结果带来成功。而所有这一切都是从一个简单的计划开始的。"实施补给的领导者必须引导我们的潜在领导者学习设立目标并实现目标。

莉莉·汤姆林（Lily Tomlin）曾经说过："我一直想成为一位举足轻重的人物，但从未想过那个人物的样子。我应该让目标更清晰些。"如今，很多人发现自己仍在止步不前。对于成功，他们有着模糊的想法，也希望成功，但却始终未制订任何计划。我发现生活中取得最大成就的那些人都为自己设立了目标，并为之奋斗，最终梦想成真。

当你帮助他人设立目标时，请遵循以下准则：

·设立合适的目标。专注于你要补给的人的工作以及所期望的结果：培育他成为一名有效的领导者。确定目标有助于更上一层楼，实现更远大的抱负。

·让目标得以实现。面对一个无法实现的目标时，人们会快速地退缩。我喜欢AMAX公司前董事会主席伊恩·麦格雷戈（Ian MacGregor）的这一席话："我用驯马的规律来工作。刚开始用低围栏让马跳跃，来实现简单的目标，随后循序渐进。董事会不强迫他人去完成他们无法接受的目标，这一点是非常重要的。"

·让目标可衡量。如果目标无法衡量，你的潜在领导者将永远无法知道何时已达到目标。反之，如果目标可衡量，他们获知目标已完成后，就会有一种成就感，也使他们能够设立一个新目标，继续努力。

·明确地陈述目标。如果目标失去了明确的焦点，就无法采取行动努力去实现它。

·目标须要被"拓展"。正如我之前所提到的，目标是可实现的。另一方面，目标若无法"拓展"，就算实现，人们也无法得到进步。领导者必须充分了解他的员工，进而为他们制定切合实际又能够拓展的目标。

·把目标写下来。当人们写下他们的目标时，就会对这些目标更负责。一项对耶鲁大学毕业生的调查表明：一小部分写下自己目标的毕业生的成就比其他毕业生加起来的都要多。用文字把目标写出来，大有益处。

领导者必须充分了解他的员工，进而为他们制定切合实际又能够拓展的目标。

同样重要的是，鼓励你的潜在领导者经常审视他们的目标与进展情况。本·富兰克林每天都会留出时间来审视两个问题。早上他会问自己："我今天应该要做哪些有意义的事？"晚上他又会问自己："我今天都做了哪些有意义的事？"

沟通的基本原理

为了更富有成效地工作并得到肯定，就必须要清楚自己最基本的职责所在。这似乎听起来很容易，但彼得·德鲁克却说，如今在职场，关键的一个问题在雇佣关系中，雇主和雇员对于该做些什么缺乏共识。雇员常会觉得他们好想像要为每一件事负责，这让他们感到有些困惑。我们应该让他们清楚自己的职责，哪些需要他们负责，哪些不需要。然后，他们才能够集中精力在我们所希望的方面，并取得成功。

再让我们看看篮球队是如何运作的吧：他们五个球员每一个人都各司其职。其中有一个是负责得分的投篮手，另一个是负责把球传给得分手的传球手，大前锋负责抢篮板，小前锋的职责则是夺分，而中锋负责抢篮板球，阻挡对方投篮并得分。每位队员都知道自己的职责和特长所在。当每个队员都专注于自己的独特职责时，球队才能取胜。

使人们明确领导者对他们的期望的最佳方式是：向他们描述岗位要求。在描述中，指出你要他们完成的4～6项基本工作，避免冗长复杂的职责细目清单。如果无法归纳总结，那么可能是由于工作太过宽泛。同时，还要尽可能地说清楚他们被赋予的权力、他们所要参与的每项工作的职能和团队内的权力限制。

与新领导者沟通的另外一个至关重要的内容是他们如何考虑事情的优先次序。我告诉下属，无论他们做哪一件事，都可用"A""B"来划分优先次序。这一概念能帮助他们理解什么才是最重要的事情。

"A"类是指那些能促进团队、部门或工作职能发展的事，开拓新领域、利用新机会或开发新市场，能激发个人或团队达成共识，促进增长。"B"类是与维持现状有关，能使持续平稳进行，如回复信件、电话和处理细节小事等，它们不容忽视但却不能为团队增值。我发现，人们常常忽略了"A"类，把最好的精力都耗费在"B"类事务上，因为这些事务似乎都是急切的。我总是鼓励下属花80%的时间和精力来处理"A"类事务，用剩下的20%来应对"B"类事务。

最后，一位领导者必须告知下属，他们的工作让团队与领导者个人都有了价值。对于雇员而言，这往往是最重要的一点。

执行五步骤培训法

补给过程中还包括另一部分：培训人们去执行一项工作中的特殊任务。领导者的训练方法将在很大程度上决定下属的成败。如果教训方式枯燥，潜在领导者所能记住的知识少之又少；如果仅仅将他人漫无目的地推上工作岗位，他们就会感到如同漫画《北海大英雄》（*Hagar the Horrible*）中的这些雇员一样惊慌失措。

最佳的训练方式是利用人们的学习规律。研究表明，我们能记住听到内容的10%、看到内容的50%、所说内容的70%，如果我们将听、说、看、做相结合，我们能记住这件事的90%。因此，我们要改进培训的方法。以下是我找到的最好的五步骤培训法：

·步骤1：示范。尽量让他们看到我完成整个工作的过程。当领导者培训下属时，经常会从中途开始，这样会使下属迷惑不解。当下属看到任务完整地完成时，他们就会知道有些事是可以去模仿的。

·步骤2：指导。在这一步，我继续执行任务，下属则来到我的旁边辅助我，与我共同完成。我须要花时间去解释每一个步骤该如何去做，以及为什么要这样做。

·步骤3：监督。这次，我们互换位置，由下属执行任务，我协助并帮其改正错误。尤其重要的是，在这个阶段我要积极并鼓励他们，这会使他们更努力，继续提高，而不是中途放弃。在这个阶段，我要和他们一起工作，直到他们能保持一定的工作进度。一旦他们遇到困难停止工作，就让他们解释原因，这能帮助他们理解并记住要点。

·步骤4：激励。我将自己从任务中抽身出来，让下属去继续完成。我的任务是了解他们在没有帮助的情况下，是否知道该怎么做，并继续鼓励他们，令他们后续有所改善。对我而言，重要的是，我要陪着他们，直至他们自己感受到成功。这是一个很强的动力。此时，下属可能想要改进工作过程，而我要做的，便是鼓励他们，同时也向他们学习。

·步骤5：效率。在整个过程中，我最喜欢的就是这一部分。一旦新领导者的工作能够顺利完成后，他们便可以开始去教别人如何做事。老师们都知道，最好的学习方法就是去教授所要学的东西。这样做的好处在于，其他下属能继续这种培训的同时我可以自如地去做其他重要的发展任务。

给出"三大要务"

如果你不能放手让下属独立地工作,那么世界上所有的训练能够提供的成功都是极其有限的。我相信如果我能够得到最优秀的人员,我会把我的构想告诉他们,然后从基础开始培训他们,并放手让他们自己去发展,我就能从他们那里得到高回报。乔治·巴顿将军(George S.Patton)曾经说过:"永远不要告诉人们如何做事,而是要告诉他们该做什么。你会惊讶于他们的聪明才智。"

你不能让下属松散而脱离团队,但也要给予他们足够的自主去创新。这样就需要你给他们"三大要务":责任、权力和承担后果。

对某些人而言,责任是三者中最简单的。我们都希望我们身边的人有责任感,我们知道这一点是多么的重要。正如作者、编辑迈克尔·科达(Michael Korda)说过:"任何重大的成功都需要你承担责任……最后的分析指出,所有成功人士都具有的一个品质……就是承担责任的能力。"

当责任被给予后,对于某些领导者困难的是,让他们的下属放手去承担这份责任。糟糕的经理总是试图去控制下属的每个细节,这时候,潜在领导者将变得沮丧和停滞不前。他们不再渴望承担更多的责任,从而变得冷淡或逃避。如果你想让你的下属们能够承担责任,那么就真正赋予他们责任,将责任真正交到他们手上。

责任必须紧跟权力。它们要同时被赋予,才会有进步。第二次世界大战期间温斯顿·丘吉尔在众议院的演说中讲道:"我是你们的仆人,你们有权随时将我辞退。但你们无权剥夺我行动的权力却让我来承担责任。"只有责任和权力结合在一起的时候,人们才真正地被赋予权力。

关于权力,还有一个重要方面要引起注意。当我们将权力首次赋予新领导者时，实际上我们只是让他们"拥有权力"，而非将权力"交给"他们。真正的权力是要去赢得的。乔治·戴维斯（George Davis）在《成功的捷径》（*Magic Shortcuts to Executive Success*）一书中指出：

> 权力不是我们买来的，不是天生赋予的，也不是上级委托授权给我们的，而是从下属那里赢得的。没有一名经理能够拥有真正的权力，直到他被证明能够配得上这份权力——不是在他自己眼中，也不是在他上级眼中——而是在他的下属眼中。

我们必须允许潜在领导者去获得他们的权力，这是我们的职责。反之，他们也有责任赢得权力。

在此过程中，我发现权力有不同的层次和级别：

· 地位。最基本的权力来自于一个人在团队中的地位，这种类型的权力无法超出职位描述中所指明的范围，这是所有新领导者的起点。从这里他们或是赢取更大的权力，抑或是失去他们的权力，这均取决于他们自己。

· 能力。这种类型的权力基于一个人的专业能力。追随者们在他们的专业领域内给予有能力的领导者权力。

· 个性。这种类型的权力基于一个人的特性，比如性格、外貌、魅力、气质等。追随者会根据个人的特点给予权力。基于个性的权力比基于能力的权力更宽泛一些，但并不比它更高级，因为基于个性的权力趋于表面化。

· 诚信。基于诚信的权力源于一个人的内心，它基于人的品质。当新领导者因诚信而获得权力时，他们就已经迈入了一个新的阶段。

• 精神。在世俗社会中，人们很少顾及基于精神层面上的权力。它来自个人信仰的经历与上帝对他们的帮助及影响。这是权力的最高形式。

领导者必须在每个群体队伍中赢得权力。但我发现，一旦领导者赢取一个特定层次的权力后，几乎不用再花更多的时间就能在另一群体中赢取同层次的权力。权力层次越高，这种情形发生得越快。

一旦权力与责任被授予某人，就意味着他被授权开展工作。而我们则必须确保事情在往正确的方向进展，这才能体现出"承担后果"。新领导者的真正职责还包括承担后果的意愿。如果我们给他们提供适合的环境(如第二章所述)，他们就不再害怕承担后果，而且还敢于承认错误并将其视为他们学习过程的一部分。

领导者还有一部分的责任是花时间检查新领导者的工作，并给予他们诚实的、有建设性的评价。最重要的是，领导者既要支持又要坦诚。据说，当富兰克林·罗斯福（Franklin D.Roosevelt）去世后，哈利·杜鲁门（Harry Truman）被推举到总统的位置上时，众议院发言人萨姆·雷伯恩（Sam Rayburn）曾给过他慈父般的忠告："从现在开始，你周围会有很多人围绕着。他们会竭力在你周围建立一堵墙，阻止你与他们以外的任何想法有联系。他们会告诉你，哈利，你是个多么伟大的人。但是只有你我心里知道，你并非如他们说的那样。"雷伯恩之所以讲这一席话，目的在于要让杜鲁门具备承担后果的精神。

给予他们所需的工具

不提供任何资源就给予责任是荒唐的，而且这样做极具限制性。亚伯拉罕·马斯洛（Abraham Maslow）曾说过："如果你唯一的工具是锤子，你就会把所有的问题或阻碍视为钉子。"如果我们希望人们具有创造性、富有活力，我们就要为他们提供资源。

显然，最基本的工具是各种设备，如复印机、电脑和其他可以简化工作的设备。这些设备不仅是工作所需的，而且还要使"B"类事务更快捷、更有效地解决，这样才能使人们抽出时间做更重要的事情。

然而，工具要比设备的含义更广。提供有助于发展的工具是非常重要的。可以花时间提供一些特别的指导在书本、影视资料、研讨会和专业会议等事务上投资，因为它们能够提供很多有价值的宝贵信息，而且这些来自团队以外的新鲜想法更能推动成长。在提供工具方面要有创造性，这能使人们不断进步，胜任工作。

系统性检查

我相信，经常与基层人员接触是没有坏处的，而且我喜欢进行小规模的评估。领导者如果仅靠年终的正式评估来获得反馈，那么终将会有问题出现。每个人都需要定期得到激励，即使是工作进展不顺利时，也需要有人提醒他们，让他们尽早发现。这样可以避免团队内的很多问题出现，而且还会使领导者有所改善。

多长时间进行一次检查，是由很多因素决定的：

- 任务的重要性。当有些事情对团队的成功起着决定性作用时，我就会经常与基层人员接触。
- 工作的需求。如果这项工作要求很高，那么从事这项工作的人员就会经常受到鼓励，他可能还需要其他人解答一些疑问或给予帮助。有时，在工作紧张或棘手时，我会告诉他应该先休息一下——要求苛刻的工作容易使人精疲力竭。

- 工作的新旧更替。一些领导者应对新任务时没有问题，无论它与原来的工作如何大相径庭；另一些人则觉得应对这些任务是困难的。我经常检查那些不太会随机应变或不太有创造力的下属的工作状况。
- 工作者的新旧更换。我希望为新领导者提供每个可能成功的机会，所以会更加频繁地对新手进行检查。这样我可以帮助他们预见问题，并肯定他们所取得的一系列成功，同时也能让他们从中获得自信。
- 工作者的责任感。当我知道可以把工作交给其他人并顺利完成时，我可能会在工作完成时再进行详细的检查。但对于缺少责任感的下属而言，却不能这样做。

跟进工作的方式因人而异。比如，针对新成员和老成员就应持不同方式。但不管这些成员跟我共事多久，有些事总是不可避免的：

- 对"感想"展开讨论。我总是会寻找机会让下属跟我谈谈他们的想法，同时也会告诉他们我的感想。这样有利于沟通和开展工作。
- 衡量进步。我会和下属一起衡量他们所取得的进步，并以提问的方式获得我所需的信息。如果他们遇到困难，我会尽可能地为他们排忧解难。
- 给出反馈。这是一个关键环节。我坦诚地对他们给出评估，并做好准备工作以确保反馈的正确性。我的评价能够让他们知道工作做得如何，这样有利于解决工作中的障碍，鼓励他们进取并提高工作效率。
- 给予鼓励。无论下属的工作表现如何，我总是给予他们鼓励。鼓励表现略差的下属努力；鼓励优秀的下属再接再厉；表扬他们的创新精神。当他们碰到个人问题时，我也会尽力给予激励和期望。因为我知道，鼓励能催人奋进。

有时，某个员工的工作会出现停滞不前的状况。此时，我要做的是尽可能找出原因所在。通常，以下这三种情况会导致这样的情形出现：（1）岗位与员工互不匹配；（2）员工缺乏培训或指导；（3）员工本身有缺陷。在找出解决方案前，我都会先确定原因。我会将所有事实材料归总以确定此项工作确实存在不足，而不是仅凭感觉。随后，我会准确地指出缺陷是什么。最后，我会与执行这项工作的员工一同检讨，并从其他角度看待问题找到问题的症结。

如果是岗位与员工不匹配，就向此人做出解释，将他调离到合适的岗位，并对他表明我的信任；如果问题的症结在于缺乏培训或领导能力方面，就进行相应的培训。

如果问题在于员工个人，我便会真诚地指出来，让他明白失败的原因和解决的方法。然后，再给他一次机会。但是，此事我也会记录在案，以便作为日后不得不解雇他时的依据。归根到底，我还是希望他能成功，但如果他毫无改进，我当然也不会再多耗费时间。

定期召开补给会议

即使你已完成员工培训的大部分工作，准备让他们进入下一阶段——发展阶段，还是要继续定期召开补给会议。这有利于他们保持发展，不断成长，并激励他们为补给自己负起责任。

在召开一次补给会议前，我会做以下准备工作：

·收集好消息。我总是会以肯定的态度开始。回顾团队内正在发生的一些好事，尤其会提及员工感兴趣的、与职责有关的事情。

·展望愿景。员工们每日忙于工作事务而忽略了能促进团队进步的愿景。借此契机，要再次展望团队整体的愿景和未来，还能使员工了解你将要进行培训的具体信息。

·确定内容。会议内容要由需求而定。尽可能地将培训集中在"A"类事务上，并将培训的重点放在人员身上，而不是以课程为主。

·加强管理。涵盖任何能给人安全感、激励领导力的团队项目。

·赋予权力。花时间与你所补给的人员进行相处，并亲自激励他们，向他们表示通过补给能让他们更胜任自己现有的工作。这样，他们会以积极热情的情绪离开会场并投入工作。

补给的全过程都花费时间和精力。比起单独培训，它对领导者的时间和奉献精神要求得更多、更严格。但其目标则是长远的，而非短期的。它能使领导者的数目倍增，而不只是产生追随者或增加新领导者。就像我在补给的五步骤中所阐述的，直到补给者和新领导者发掘到新的被补给者时，补给过程才能完成。也只有如此，一个完整的良性循环才完成；没有后续者，就不会有真正意义上的成功。

正在准备补给他人的领导者最有希望取得成功，无论他们置身于哪个团队。当一位领导者投身于补给过程中时，该团队的整体表现和水平会有明显的提升，每位成员都在准备着更好地完成工作。最重要的是，受到最好培训的员工已准备跃入最后一个成长阶段——发展阶段，这将会造就出更优异的领导者。正如弗雷德·曼斯克（Fred A.Manske, Jr.）所言："最伟大的领导者都乐于培训并发展他人，直到他们最终在知识和能力方面出类拔萃。"

第六章

领导者的终生承诺：发展潜在领导者

如果你已完成所有我在本书中讨论过的事情——创建适宜的环境，培育人才并对他们进行补给，使其更胜任以后的工作，那么你的成就已超过当今大多数管理者。你可以将自己视为一名优于普通管理者的领导者。但是如果你不继续前进，无论你的工作多么努力，你永远也不会成为一位成功的领导者。因为那些最优秀的领导者都会带领他们的下属进入最后一个步骤，培养他们，让他们发挥各自的潜力，使他人成长和发展是领导者的最高要求。

或许你想知道为什么大多数领导者都没有进行到最后的步骤，那是因为这是一项艰巨的工作。我曾经听说过一个关于牧师的故事。这位牧师放弃了从事了20年的神职成为一名葬礼主持。当被问到为什么要做出这一改变时，他回答道："我花了3年的时间尝试着改变弗雷德，可是他依旧是个酒鬼。后来我又花了6个月的时间想要挽救苏珊的婚姻，但她最终还是未能摆脱离婚的结局。随后，我又花了两年半的时间试着让鲍勃戒毒，可他仍然是个瘾君子。现在，在殡仪馆，如果我要人平躺着，他们就会一直保持平躺的状态。"

我们要不断关注下属的发展，帮助他人发展是一项费力的工作，它比培育或训练要更多的投入和关注。要分清楚培育、补给和发展之间的差异，请看下表：

培育	补给	发展
照顾	为工作而培训	为个人成长而培训
注重需求	注重任务	注重个人
相关性	执行性	转化性
服务	管理	领导
维持领导力	增添领导力	倍增领导力
建立	释放	授权
帮助	教导	指导
需求为本	技巧为本	品质为本
他们想要什么	企业需要什么	他们需要什么
一种渴望	一门科学	一门艺术
很少或没有成长	短期成长	长期成长
所有人	很多人	少数人

请看看与发展领导者相关的素质，它们都是以潜在领导者的所需和成长为基础的。这个过程已被提前设计，目的是发掘他们的优秀品质、发展他们的个性，帮助他们发现自己的潜能。

因为发展和培养领导者需要时间和精力的投入，众多培养者一次只有少数人得到发展——已做好准备并愿意被发展的人。培训和发展之间还有另一个重要的不同之处。培训像是一门学科，是一个由浅入深的过程，可以通过具体的步骤培训他们。而领导力的发展更像是一门艺术，它并非只是带领员工经历一系列生硬的步骤，而是要在发展的全过程中灵活应对，随机应变。

以下是领导者要发展潜在领导者使他们处于最佳状态的12项举措。

提出三个关于动力的问题

所有的进步都源自动力。作为发展者，你必须找出潜在领导者的动力所在并利用它。

1.他们想要什么

每个人都有想要的东西，即使是看似毫无激情的人亦是如此。虽然有时他们会主动告诉你，但通常还是需要你用敏锐的洞察力去发现。而且，既然你已和他们建立关系，就要利用你们个人交往中所获取的信息。无论如何，你都要找出他们的需求，这样才能够激励他们，让他们有发展的动力。

2.他们是否有方法获取想要的东西

任何时候当人们的需求无法被满足时，他们就不会有动力。作为领导者，你的职责之一就是决定潜在领导者如何实现愿望，并为他们指明方向。因为你已是成功之路上的前辈，你能够看得很清楚而且可以为他们指点迷津。有时你甚至有能力为他们创造达成个人愿望的方法。

3.如果成功，他们能否有回报

有时，人们有目标也知道如何实现，但唯一缺乏的就是动力。为什么？因为他们不相信为实现目标所付出的努力能得到超值的回报。作为他们的领导者，你可以和他们分享你的经验：回报是值得付出努力争取的。同时，你也可以向他们表明他们个人的愿望和企业的目标相一致。当这两者目标相同时，回报则会倍增。

例如，如果其中一位员工的目标是成为出色的销售员，此目标同样对企业有益，同时企业也会做出相应的回报（佣金或薪金）。如果此人实现了目标，他个人受益的同时还可以从企业得到金钱的奖励。回报必然会成倍增加。

用提问的方式找出员工的动力，然后利用这一动力帮助他们发展和成长。

做一位良好的聆听者

优秀的领导者也是良好的聆听者。倾听他人的意见有助于你的成功和他们个人的发展。当你倾听他人的意见和想法时，尤其是在你做出决定之前，你就给了他们做出贡献的机会。每次当你采纳他们的意见和想法并且给予他们褒奖时，他们会觉得受到了尊重，因此会深受鼓舞，随后会继续做出贡献。这是让他们开始创意性思维的最好方法之一。他们也将完善自己的判断力，逐渐开始明白你为何会采纳他们的想法，同时他们也学会了更清晰、更全面地看待问题。

> 优秀的领导者也是良好的聆听者。

这一过程中的关键在于，你要真挚地寻求他们的建议，并且主动、积极地听取他们的看法。同样地，不要批评提出建议者，即使是较差的建议。因为受到轻视的员工会失去继续提出建议的勇气，这样你便会错失了他们下一个绝妙的想法。试着采用这样的态度：直到你选定最好的想法之前，每一个想法都是好的。

> 直到你选定最好的想法之前，每一个想法都是好的。

为个人成长制订计划

我最喜欢的事情之一是在全国各地举行研讨会。在每年由Injoy集团举办的5~6次领导力研讨会中，最重要的事情之一便是个人的成长。我经常邀请已为自己的发展制订了计划的学员在休息期间和我探讨这些。这么多年来我一直坚持这样做，但是却从未有过学员过来和我探讨。为什么？因为他们没有一个人为自己的成长制订过计划。

人们认为个人成长是一个自然的过程，但事实并非如此。个人成长不是自动的，它不是源于经验，也不是简单地收集信息的结果，而是一个有意识、有计划、有恒心的过程。

除了为个人的成长树立榜样之外，你能为正在发展的员工所做的最好的事情之一就是帮助他们制订自己的个人成长计划。我想要再次强调的是，成长要有规划。正如我的朋友齐格·金克拉所说："你天生能成为胜利者，但你必须要为胜利做准备，制订出胜利的计划。"成长也是如此，你必须要制订计划并按照计划行事。

我已将生命的大部分时间投入到个人发展和为他人发展提供资料的事业中。自1985年以来，我每个月都制作有关领导力发展的材料并通过Injoy集团和专业领导力发展顾问公司Maximum Impact公司将它们寄出去，因为我最大的愿望就是帮助他人挖掘他们的潜质。这也是我举办研讨会的初衷。以下是我在会议上我给他人制订的一份成长计划。如果你还没有找到适合的计划，你也可以采用它。

个人成长的实际步骤

1.每天为成长预留时间

在这个步骤中有两个重要的观念。第一，必须对成长所需的时间做出规划。拖延是世界上最容易做的事，如果我们不将每一天做好战略性的安排，那么成长的时间很快会因繁忙的生活而匆匆逝去。人们必须要找出合适的时间，并且在日程表上做好安排，像对待其他约会一样，控制好时间。第二，必须每天预留出时间，并且每周不少于5天。教育家称，有规律的短期学习比规划无常的长久学习更有效。日常生活中保持规律性是很有益处的。以下是我在研讨会上推荐的每周计划：

星期一：祈祷一小时。

星期二：观看一小时有关领导力的影视资料。

星期三：用一小时继续观看有关领导力的影视资料（注意在重要处做笔记并反思）。

星期四：看一小时与领导力有关的书籍。

星期五：用一小时继续看这本书（注意在重要处做笔记并反思）。

除了每日的计划以外，我还建议利用他人通常会浪费的时间来浏览材料。比如，我无论什么时候旅行，都会带一些书和杂志。它们虽然没有我每日的阅读内容丰富，但却是很好的素材。如果是正在候机或是在飞机上，我也可以阅读它们并摘出有用的文章和引用语。

2.快速整理所学内容

每位成员提供的良好信息都须要加工和归档。我已用这种方法三十五年多。当我发现好的文章或引用语时，我就会将它们摘出来并整理归档。这样做有两点好处：第一，无论任何时候我演讲或开研讨会需要材料时，就可以从这些收集的备选材料中筛选；第二，每次当我把一篇文章缩减为核心句子或段落时，能领会、吸收和概括整篇文章。

3.快速运用所学内容

仅了解一件事是毫无意义的，你要应用它。每当你学习新内容时，最好问问自己："我能在何时、何处，以及如何应用它？"我宁可付诸更多的实践也不能只让所学内容建立在精神联系上。因此，我采用以下这个方法：

- 每周挑选一项我所学习的内容。
- 把它写在3英寸×5英寸的卡片上（将它放在我面前一个星期）。
- 与我的妻子分享。
- 24小时内与他人分享。
- 把它教授给其他人（如编入课程中）。

4.与他人一起成长

我周围的很多人都会与我分享许多事情。当你与他人分享自己所学的内容时，你的洞察力会变得犀利，你与他人之间的关系也会加深，你们会拥有共同的愿景，而且还能创造出有价值的谈话内容。

5.制订你的成长计划并遵守一年

我之前概述的每周计划要遵守一年。利用这个计划,你能很轻松地在一年内读完12本书,看完52段影视资料。年末,你将有大量的资源可以利用,并且你个人也会有惊人的成长。根据厄尔·南丁格尔(Earl Nightengale)所言,如果你想成为某一学科领域的专家,那么就要在5年内每天花一小时的时间来钻研这门学科。

关于制订下属的成长计划,我必须还要说明的一点是:让他们从此刻做起!他们可能会对你说他们年纪不小了,或太忙、时机不合适以至于无法实施个人成长计划。但个人的成长就如投资一样,这不是时间的问题,而是机会。让他们即刻开始行动起来吧!

个人的成长就如投资一样,这不是时间的问题,而是机会。

保持成长

我们生活在一个纷繁复杂的、充满竞争的社会。棒球运动员为能够有朝一日进入最大的联盟而奋斗；员工在公司不断攀爬，希望有一天能成为总经理或董事会主席。一些网络营销商建议采用这种办法：如果某个人能建立足够大的企业或组织，他就能够退居幕后，让其他人接替此工作。虽然这个人达到了目的，但这显然只是一种幻想。在我们的社会中，虽然很多人都成功了，但却发现自己和取得成功之前一样满腹牢骚。这段"成长旅程"的目的不在于到达终点，而在于你在路途中的所学所得以及在这期间将变成怎样的人。有目标是积极的。然而，一旦实现某些目标就以为旅程已结束，是我们每个人都会面临的危险。

最成功的篮球教练之一约翰·伍登非常注重成功的过程。在《六个常见的营销谬误》（*Six Timeless Marketing Blunders*）一书中，威廉·尚克林（William L.Shanklin）描写了伍登的执教方法。他告诉我们：伍登在加州大学洛杉矶分校担任篮球教练时，并不强调比赛的输赢，而是注重赛前的充分准备、团队精神、改变的愿望和每个队员表现的潜力。他所强调的是过程，而非最终的结果。

在工业生产方面亦是如此。从一位质量检验专家口中，我得知，"在质量检测中，我们关注的不是产品，而是检测过程。如果过程准确无误，那么产品的质量就能有保障。"个人的成长也是同样的道理。

作为领导者的培养者，我们必须要让他们不断成长，为他们做出榜样，给予他们鼓励和奖励。我们必须要向他们展示如何保持长期的成长。他们就像一棵棵小树，始终都在生长，如果没有保持成长便无法长成参天大树，它们停止生长之时便是生命终结之日。

通过四个阶段来适应事物

大多数人都要花时间采纳新意见,适应新环境。在接受新观念之前,人们一般都要经过四个阶段。

1.视觉

很多人都是依靠视觉行事,他们通常必须要看到新的实物,才能理解它。

2.情感

人们看到新事物后,会做出情绪上的回应。在进入下一个阶段前,给他们调整情绪的时间。

3.经验

一旦人们理解了某些事并在感情上接受它后,他们就会准备去尝试这些事。经验能够促使他们进入最后一个阶段。

4.信念

当一个人亲眼见过某些事后,在感情上接受了它,并从经验上肯定它,它才能真正成为其思想和信念系统中的一部分。

如果你注意到这些阶段,你就能顺利无阻地引导他人发展。

遵从"想法"

即使你帮助人们制订个人发展计划并鼓励他们尽可能地自己成长,你也须要亲自教授他们。最理想的情况是,你与他们一同分享你成长中的所学所感。在我的企业中,我一直坚持如此。我发现最好的方法可以归结为以下四点:

指导(instruction)
展示(demonstration)
展现(exposure)
责任(accountability)

首先,我用与生活相关的内容指导他们。任何不能用于现实生活中的想法和理论都没有用武之地。除此之外,如果某种理论不能运用在现实生活中,我就不能继续向他们展示。在我向他人介绍这种理论之前,我要亲自进行实践测试并加以学习,这样我才能更胜任教导他人的工作。其次,我要给下属展现实际经验。一旦他们听到并看到,就会准备去尝试。最后,我要确保对他们负责或双方互相负责。如果你不设定某些"责任",那么下属虽然认为这些想法很好,也会忘记使用它们。当下属使用这些想法或理论并确实负起责任时,这些想法就会成为他们生活的一部分。

让他们获得丰富的经验

人们通常都会抵制变化。如果有机会在一些舒适、容易、熟悉和困难的新工作中选择的话，大多数人都会选择安全轻松的工作。作为领导者，我们不能让下属变得自满得意。

丰富的经验能极大地促进员工的发展，使他们不断成长、拓展和学习。员工的经验越丰富，就越能更好地应对挑战、解决问题、克服困难。在企业中，我有一项"三年规则"：领导者必须每三年更换主要的任务和职责，这样能迫使他们获取新技能，使新任领导者有机会通过进入新职责领域得到发展，使原有领导者应对新的挑战，提高每个人的创造力。

在通常情况下，我们宁愿让成功的人留在原地，从事原来的工作。但必须要记住，我们并非仅是为了把工作做好，我们是在塑造领导者。这须要花费额外的时间和精力。安格斯·麦奎因（Angus J.MacQueen）曾讲过一个詹姆斯·加菲尔德（James Garfield）的故事证明了这一点。他说，加菲尔德在担任美国总统之前是俄亥俄州希拉姆学院（Hiram College）的校长。有家长问他："课程能否简化，可以让我的儿子早一点完成学业？"加菲尔德回答道："当然可以，但这完全取决于你希望你的儿子成为怎样的人。上帝要用一百年的时间造就一棵橡树，而种一个南瓜只需两个月。"我们要让你的领导者慢慢成长，丰富他们的经验，培养他们广泛扎实的根基。

追求卓越

文斯·隆巴迪(Vince Lombardi)是一位伟大的领导者，也是最好的职业足球教练之一。他曾说过："无论人们选择哪个领域，他们生活的质量与他们为使自己更卓越而投入的多少成正比。"隆巴迪能够意识到为优异而奋斗的重要性，也能够将这一愿望传递给他的队员。

当你为更加优异而努力奋斗的同时也是在提醒你的下属勇攀高峰。当一位领导者的目标是一般而不是优秀时，那么即使企业中最优秀的成员也只会有普通的表现，而其他的成员就连最低要求也会无法达到。如果优秀是标准，那么最出色的成员就能击中靶心，其他成员至少也能击中靶板。

注重卓越的另一优势在于，它能显示出员工的个性。任何企业的成功都不能逾越领导者的个性。卓越能够培育个性，个性也能产生卓越。要求员工卓越，他们则会以最优异的标准要求自己和他们所领导的成员。

> 卓越能够培育个性，个性也能产生卓越。

实现效率定律

教育心理学家爱德华·桑代克博士（Dr.E.L.Thorndyke）在20世纪初从事行为矫正的研究，并发现了由他命名的"效果定律"。简单地说，就是如果一个行为产生的效果是得到回报，那么这个行为便会增加；如果一个行为产生的效果是得到惩罚，那么这个行为便会减少。

我们必须要问问自己，在企业中我们能得到什么回报，我们是否对个人的成长和发展给予了回报？如果是，那么我们的员工就会成长。

几年前，我列举了期望企业内的员工要表现的行为和品质，并决定奖励这些行为和品质。我将此称之为"提升计划"：

　　奖励（rewards）
　　表明（indicating）
　　职员（staff）
　　期望（expectation）

换句话说，我决定对员工给予奖励，就表明他们已经达到或超过了我的期望值。我给予最高评价和奖励的品质是积极的态度、忠诚、个人成长、领导力再造和创造力。注意，个人成长就在其中。我想要鼓励的方面是，决定出什么才是最重要的、奖励下属、将个人的成长列到计划当中。你会发现,一旦为实现正确的目标而定下明确的奖励制度时,员工自己就会成为最好的管理者,并能发展成为领导者。

勇于面对问题

奖励积极的行为虽然要付出努力,但却是轻而易举的,唯有面对消极的行为才会困难重重。有些人逃避现实情况,有些人害怕被拒绝,还有一些人则害怕对峙引起的对方愤怒和怨恨。但当一个人的行为不恰当时,逃避只会使情形更坏。

第一,由于此人并未顾及企业的利益而使企业受损。第二,由于此人的不足而使你的工作效率降低,让你受到影响。第三,当一个人的行为不当且无人指出时,便剥夺了他在发展过程中学习和成长的机会。在任何时候,当领导者回避问题时,应该问问自己是否会阻碍企业和自身的发展。如果是为了自己,那么就是出于自私的动机。

面对问题的最好方式是产生双赢的局面。在通常的想法中,我们会认为在冲突中总会产生输赢,但这并不是绝对的。要营造一种双赢的局面,我们必须要以正确的态度面对问题。将面对问题看作是帮助和发展员工的一次机会。无论何时,都不要因为气愤或要展现权力而与他人对峙,要真心尊重和关心他人的利益。以下是我所确信的十项原则。

1.尽快面对问题

等待的时间越久,要做的事就越难完成。尽快面对问题的另一好处在于不必与他人争论细节。

2.要对事不对人

我要把注意力放在面对和解决问题上，而不是个人身上。另外，我还要继续支持和鼓励个人。

3.仅对对方能做出改变的事提出异议

如果我要求他人做一些力所不能及的事，不但会让他变得沮丧，而且会损害我们双方的关系。

4.给人以肯定的判断

我总是试图以"假设员工的动机是正确的"为开始。如果我能给予他们肯定判断，我就会这样做——特别是在不清楚、需要解释的情况下。

5.事无巨细

我只能对具体的事情做出解释和改变。如果我无法详细明确地指出，那么我可能正在做出错误的猜测。

6.避免讥讽

讥讽表明的是对他人的愤怒。面对问题时，我避免讥刺。

7.避免使用"总是"和"从不"这类词

当我告诉某人绝不要做某事时，我是在要求他墨守成规，即使是不在最佳时机的情况下做某些事。我宁愿鼓励他在正确原则的基础上，采用正确的行动，自己独立应对不同的情况。

8.告诉他人你对做错事的感想

如果他人的行为冒犯了我，我会立即告诉他。我不希望事后再提，以此来发泄情绪。

9.提供解决问题的计划

我总是想帮助他人成功,而不是失败。如果能帮助他解决问题,那么我们每个人都能获胜。

10.肯定他是你的朋友

我打算用做三明治的方法来面对问题。将勇于面对问题夹在中间,把对他人的肯定和鼓励放在两边。

积极地面对问题是展现你关心他人、真心为他们考虑的一个符号。每当你与员工增进感情、加强关系,并指出他们的问题时,你就给了他们一次成长的机会。

> 积极地面对问题是展现你关心他人、真心为他们考虑的一个符号。

做出艰难决策

在第二章中，我已指出：为了创建和鼓励发展的环境，领导者必须愿意做出艰难决策。虽然这些艰难决策中有些与解聘员工有关，但是在发展领导者的过程中，不得不做出艰难决定。

人们对发展所做出的回应各有不同。凭借个人的经验，我发现每一个成长的人都会在达到发展的以下六个层次之一时停滞不前。

1.层次一：使他们有些进步

有些员工进步很慢，而且缺乏方向。这些人可能有能力，可以在不知不觉中进步，但他们绝不会在工作中崭露头角。

2.层次二：使他们胜任自己的工作

很多人都认为仅把工作做好就是他们发展的终极目标，这是错误的。如果没有促使他们发展的领导者或个人成长的强烈渴望，很多人就会停留在这里。

3.层次三：使他们能够在工作中复制自己

在这一层次中，人们开始增加自身的价值，因为他们能够在自己的专业领域中培育他人。有些技术强大但领导技巧不足的员工能做到这一点，其他一些员工尽管技术能力有限，但拥有很强领导力的人也可以做到。然而，在这两方面都优越的员工则会进入下一层次。

4.层次四：使他们进入较高层次的工作

从第三层次进入第四层次是困难的。它要求在个人和专业领域都有成长的意愿。拓宽他们的思维以及成功经验的积累对团队和领导者而言，他们会变得更有价值。

5.层次五：使他们可以培育他人

在这个层次中，伟大的领导者开始出现。这些人才是真正的培养他人的人，他们为领导者或团队带来的价值不再只是增加，而是层层倍增的效果。

6.层次六：使他们能够应对任何工作

发展到第六层次的人很少。如果你有幸帮助他人到达这一层次，那么应该以最伟大的爱和尊重对待他们。这些人在任何领域内都会是有所成就的领导者，他们的技术和能力在任何领域内都会有所超越。在你的一生中，如果上帝使你有幸遇到这样的人，那么你们一起产生的影响力会远远超过你们个人分别产生的影响力。

下图中，圆圈代表层次，层次越高，人数越少；层次越高，跳跃越难。每一次的跳跃都需要更多的投入、更多的奉献精神和顽强的毅力。

成长的六个层次

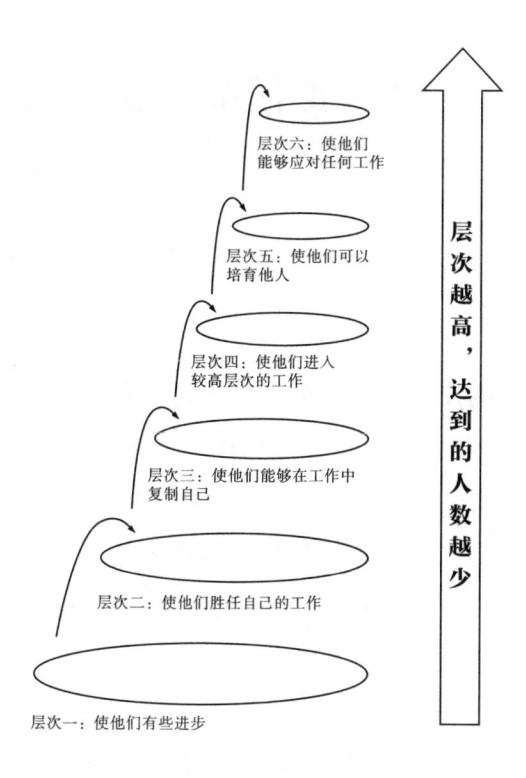

层次六：使他们能够应对任何工作

层次五：使他们可以培育他人

层次四：使他们进入较高层次的工作

层次三：使他们能够在工作中复制自己

层次二：使他们胜任自己的工作

层次一：使他们有些进步

层次越高，达到的人数越少

  我探讨此话题的原因就是要让你除了那些能够成功抵达第六个层次的人之外，对每个被发展的人做出艰难决策。当你是发展者时，你碰到的人会处在各个不同的层次上——通常是在第一层次，那么你就要开启一段帮助他人的旅程。你的工作是在这个人旁边，只要他愿意继续进步和成长，你就要帮助他。当那个人停止进步时，你不得不做一些艰难的决策：即放弃此人。你们的关系可以继续，但你对他的培育和发展就此停止。这是作为发展者要做的艰难决策之一。我们对他人倾注了时间、精力和爱，放弃他们就如放弃自己的孩子一般。但你无法迫使一个人持续成长进步，直到进入最高层次。你必须根据他们自己所能达到的层次而做出放弃的决定。虽然艰难，但为了更长远的发展，这个代价是值得的。

个人要有安全感

要成为伟大的发展者,你个人必须要有安全感,因为当下属达到他们潜力的顶峰时可能意味着他们将要超越你。正如我在第一章中提到的,安德鲁·卡内基想让他人记住:"一个人必须具有足够的聪明才智,才能让一个比他博学的人为他服务。"一个有安全感的人能够面对各种可能性,如果没有这种态度或思维模式,那么你或许会与他们竞争,而不是发展培育他们。

既然你准备领导和发展你周围的人,我希望你能记住哈维·费尔斯通(Harvey Firestone)所说的这句话:"只有当我们发展他人时,我们才能永久成功。"我们一生中所取得的所有证书都会褪色,我们建造的所有纪念碑都会崩塌,我们获取的所有战利品都会被腐蚀,但是唯有我们为他人所做的事会对我们的世界产生永恒的影响。

第七章
领导者的最高回报：
塑造领导者的优秀团队

任何一个有过团队经验的人——不论是职业球队的运动员还是初级管乐队的成员，都明白作为一个成功团队的成员是人生中最有价值的事情之一。尤其是参加适合于自己的团队，更是人生中最精彩的体验之一。

首先，我们须要定义什么是团队。我们都知道，团队并非只是简单地指一群人，如果仅是这样的话，那么在车站等车的人们也可称之为"一支团队"，但他们并不是。我要说的是，作为团队的一员，必须要与团队有共同的目标，尽管只有这一点是不够的。例如，在车站候车的人们都有一个共同的目标，即等车带他们去他们各自的目的地。即使他们有相同的目的地，还是绝对不够的。团队成员间必须相互合作、相互沟通、无私奉献，只有这样才能组成一支团队，但依旧无法组成完整的团队。

让我们再看看车站等车的人与团队队员的差别。在一个炎热潮湿的夏天，在车站等车的人中有西装革履的白领、带着孩子的母亲、建筑工人和流浪汉。这时，一辆载满乘客的车进站了。当他们看到车上人满为患时，都争前恐后地往车上挤。母亲带着她的孩子尽力挤到了一节车厢门口，但由于没有足够的位置容得下她和她的孩子，她便试着移动到另一节车厢，但此时车门已关闭，车开走了。因此，她不得不再等30分钟。

这辆车驶入下一站时，12位篮球员和1名教练郊游后在车站等车。当看到车上如此拥挤时，他们也同样跃跃欲试地准备往上冲。其中一位队员大喊道："我去看看第一节车厢还有没有空位置。"另一位队员说："我去看一下最后一节。"教练用力将中间车厢的门顶住，不让它关上。因为他知道如果有车门打开，车就不会行驶。这时，最后一节车厢的队员喊道："这里有空位置。"而另一位队员则去找在前面车厢排队的队友，叫他们去最后一节车厢上车。当他们在最后一节车厢上再次聚集时，教练点了名以确认是否所有队员都在车上。

虽然团队合作精神非常重要，对企业的成功也有很大的影响力，但许多领导者却从没有教授他们的员工如何在团队中发挥作用。管理顾问肯尼斯·布兰佳（Kenneth Blanchard）说道：

> 我在全国各地的公司工作时，时常问人们，他们在企业管理上投入了多少时间。虽然管理者说他们时间的60%~90%都花在了组织企业活动上，但他们也都承认，对于怎样有效地开展企业活动和工作，即工作所必需的技巧，他们几乎都没有受过培训。据我所知，尽管它关系重大，但只有寥寥无几的几家公司将精力集中在了这一重要技能的培训上。

大多数领导者认为创立团队和发展团队协作，只有在体育运动项目中才需要。他们并未意识到在自己的企业中也可以创建一支团队，更不清楚如何着手开展这项工作。

培养领导者是一件很棒的事：不仅责任重大，而且充实有意义。因此，培养一支领导者的团队就更不用说了。通常对于一支好的团队而言，其整体协作的效果要比各成员单独工作的效果的总和更好，而且有效性也会提高。将正在培养的潜在领导者发展成一支团队，这是最终的发展任务，也能产生最高的回报。

优秀团队的共同品质

在我专注于人才培养和团队建设的这些年里，我已发现所有优秀团队都有一些共同品质。作为团队领导者或教练，如果能在领导者团队中培养出这些品质，那么他们将会变成一支有凝聚力的团队，将会克服艰难险阻，完成各项任务。以下是优秀团队表现出来的共同品质。

队员相互关心

所有优秀团队都源自于此，这是所有品质的基础。不团结，团队便无法组成。因为队员间缺乏相互的关心，就不可能成为有凝聚力的团队。

没有团结的团队无法组成。

美国南卡罗来纳州橄榄球队教练卢·霍兹曾说过的一席话是对此品质最精确的解释之一。他说，他看过一档研究人们为何为国献身的电视节目。节目采访了美国海军、法国海外军团和英国敢死队，发现为国捐躯的军人都是出于对同胞的热爱。节目组还访问了

一位在战斗中受了伤正在医院接受治疗的士兵。当他听到他所在的部队将外出执行一项危险的任务时，便从医院逃跑，跟随部队出战后，又受了伤。当被问到为什么这样做时，他说一个人与其他人共同工作和生活后，很快就会意识到你的生命与他们息息相关。

　　一支团队若要成功，其团队成员必须清楚，他们要互相关怀。当团队成员只顾自己不顾他人时，团队整体就要为此而付出代价。这让我想起了曾经读过的一则故事。船失事后，两个人无所事事地坐在救生艇的一端，目不转睛地看着救生艇另一端的人们不停地从救生艇里往外舀水。其中有一个人对另一个人说："幸好漏洞不在我们这一端。"

　　我发现，让团队成员关心他人的最好方法之一是让他们集中在外工作，同处于一个工作环境中，以便建立良好的关系。我们企业每年都会组织促进团队建设的活动，让员工都能在同一社交环境中相处。而且在此期间，我们也会让他们花一些时间与企业中不太熟悉的员工认识沟通。这种方法不仅能建立人际关系，而且还能避免拉帮结派。

团队成员明白工作重点

　　在创立团队的经验中，最有效的方法之一是让团队像一个整体一样运作，其所有成员都有一个共同的目的。只有确保每一位团队成员明白团队的工作重点在哪里，那么才能发展出这项品质。和前一项品质一样，此品质也是创建团队的基础条件。缺乏这项品质，团队成员就不可能真正地比肩工作。

　　在篮球运动中，团队运动员的共同目标是：得分。当球队的得分超过对手时，才能赢得比赛。因此团队成员们都将时间投入到了得分技巧的提升和完善上。这是他们集中注意力的重点所在。相反，在很多企业环境中，团队成员并不清楚"得分"的含义是什么。他们可能会有任务列表，但他们却不知道如何做才能让这些任务结合起来"得分"。这与一位运动员明白如何选择时机运球、传球或投球的道理是相同的。因为不了解这方面的知识，那么每一次能抢到球的运动员可能会因超时不投篮而犯规。这名球员可能是世界上最好的运球手，他的运球技术会让观众大开眼界。但是每次只要他拿到球，球队就不会得分，也永远无法赢得比赛。另一方面，如果他知道，对于一个运动员而言，运球只是使用的一种工具，那么这个团队就有可能得分。随后，其态度、行为和效率都会有显著的变化。而且，团队整体的成功也会随之而来。

你可以看到，如果篮球队的球员全然不知什么才是团队的重点，那么这位球员在团队中就会无效，而且只要有他在，团队就没有成功的可能性。这个道理在任何企业或组织中都一样。那些不懂得团队重点的人，不但不会有所贡献，反而会成为团队成功的阻力。因此，团队领导者要确定好工作重点，并将其传达给团队成员是极其重要的。

团队成员的相互沟通

高效团队的第三项基本品质是互相间的沟通。每一位成员必须要与他人沟通交流，这对团队非常重要。在缺乏沟通的团队中，成员之间很可能会相互发生冲突，从而导致一些紧要的工作被搁置，团队成员只能重复做同样的工作。

我们可能都见到过这样的情形——两个球员一起扑向篮板抢球，相互争执时却发现原来是同一队的。若在互相沟通、相互配合默契的团队中，第三位队员就会喊道："是自己人！"以此来确保在此期间不要失球。这就是团队中所需要的沟通：让每位成员互相了解工作的进展情况，这样团队的最大利益才能受到保护。

在非体育运动的团体中，也同样如此。必须要建立清晰正式的沟通渠道。但更重要的是，每一天都要构建积极向上和互相激励的交流气氛。要让团队中的每一位成员都感受到他们在这种环境下可以不受威胁地放心地提出意见或批评，可以在相互协作的精神指导下自由交流，也可以探讨各自的见解而不受到负面的批评。队员间开放自由的交流才能够提高效率。

团队成员的共同成长

一旦团队成员间开始相互关怀，便有了一个共同的目标，而且能与他人沟通交流，那么他们的成长也就开始了。成长和发展是至关重要的也是必不可少的。没有发展，团队和其成员就不会得到提高和改善。团队的发展包括：时常分享经验，加深沟通交流，使团队成员间保持紧密的联系。在团队中，当相互间不能再继续发展时，那么最终团队成员就会分离，各自独立。随着时间的流逝，相互间开始漠不关心，不再有共同的目的，不再进行沟通。久而久之，这支团队便只能面临解散。

在一个团队中，团队的成长和发展是团队领导者不可推卸的责任。他不仅要确保团队成员不断发展自身的个性和工作能力，还要保证他们的发展同时进行——就如一个团队一样。

我在发展我的团队成员时，采取了以下几种不同的方法。首先，我们每个月至少一起学习一次。这样便于让我了解团队中众人皆知的事情，而且无论他们的地位或责任如何，都能让大家一起分享共同学习的感受。

其次，我会定期组织一些学习小组，偶尔将三四个小组集合在一起，研究一个他们都须要学习的项目，便于他们之间可以建立起强有力的关系纽带。此外，互相交换小组成员也是不错的主意，以便不同的成员学习如何一起工作。而且这些不同小组的成员一起工作时，他们之间特殊的合作关系也会带给你启迪和新想法。

最后，我常常会派不同的人员去不同的地方学习，如去车间参观或参加研讨会等。回来后，我会让他们将所学的东西教授给团队的其他成员，让每位成员都能相互教授、相互学习。因此，我认为，促进团队成长发展的最佳方式就是经验共享和相互间的沟通。

团队的默契度

当相互关心的人们一同成长，并向共同的目标努力前行时，他们互相间的了解便会加深。他们开始欣赏彼此的长处，了解对方的不足，肯定并欣赏每一位队员的独特品质。这使得团队的默契度得到了提升和发展。

团队的默契类型取决于很多因素，它并非只是一群有才能的人聚集在一起而已。我们可能都见过一些有才能的队员组成的团队，他们在一起本该能发挥得很好，但却总是不能尽善尽美。这与他们的才能无关，而是他们之间的默契度不够。

对于一支优秀的团队而言，其默契需要合作者的态度。每一位团队成员都要尊重其他队员。他们渴望为团队做出贡献，也希望其他成员如此。但最重要的是他们要学会相互信任。只有信任才能让他们之间有相互依赖的可能性；只有信任才能使他们之间弥补不足，而不是相互揭短；也只有信任才能让团队中的一员对其他成员直接坦然地说："你去做吧，你比我出色。"信任使得团队成员如单独的集体一样一起开展工作，完成他们认为的重要的事。只有队员相互了解、相互信任，相互间达成默契，这支团队的个性特质才会显现出来。

> 对于一支优秀的团队而言，其默契需要合作者的态度。

团队成员将集体利益置于个人权利之上

只要团队成员相信团队的整体目标，并开始真挚地相互信任，他们就能展示出真正的团队力量。而且彼此间的信任也会使得他们将团队的最高利益置于个人权利之上。

请注意，我提到的团队成员能展示真正的团队协作精神，这并不意味着这种情形一定会出现。要实现团队协作，有几件事必须要做。首先，他们必须真正相信团队成功的价值比他们个人利益的价值要大得多。只有他们之间相互关怀，且领导者能有效地展示出团队重要的愿景，他们才会相信这一点。同时他们也会意识到，他们的成功是伴随着团队的成功而存在的。

其次，当团队成员将团队利益置于个人权利之上时，团队领导者和其他成员应鼓励和奖励这种个人牺牲精神。当有这种情形发生时，人们将会越来越确定自己与团队的关系是多么的紧密。这样他们也会承认，个人主义赢得的是蝇头小利，而团队精神获得的是整体的胜利。

> 个人主义赢得的是蝇头小利，而团队精神获得的是整体的胜利。

每一位团队成员都扮演着特殊的角色

当团队的默契度越来越高,且每一位成员都愿意把团队的利益放在首位时,人们便开始明白团队中每个人都扮演着不同的角色。他们能做到这一点,是因为他们知道成功所要具备的条件和因素,也清楚其他成员的能力。认识到这一点,再加上团队领导者的鼓励,队员们就会很高兴地扮演各自合适的角色。菲利普·范·奥肯(Philip Van Auken)在《管理出色的部门》(The Well-Managed Ministry)一书中将此称为"分工原则"(Niche Principle)。他说:"团队中占据特殊位置的成员感到自己非凡不同,就会以特定的方式工作或行动。分工使得团队合作更具个性化。"

在理想的情形中,每个人的角色都建立在他的优点之上。这样,每个人的天赋都可以得到最大限度的发挥。但现实却总是事与愿违,因为团队的成功才是最重要的,所以有时团队成员必须要有灵活性。例如,任何一个密切注意职业篮球运动的人都听说过"魔术师约翰逊"(Magic Johnson)。20世纪80年代,他效力于当时美国最好的球队之一洛杉矶湖人队。他的最大天赋就是能使奇迹发生,特别在侧面传球方面的技术更是让人难以置信。但约翰逊总是愿意扮演任何团队所需要的角色。在几个NBA联赛的赛季中,他刚开始总是在后位、前锋和中锋之间转换。他可能是唯一一位担任过所有角色的职业篮球队员。

重要的是,所有的团队成员所做的都要符合团队的目标和需求,同时也要让他们自身的特长和天赋得以发挥。当有角色空缺时,团队集体就要为此付出代价。这种情形就像管理学顾问詹姆斯·卢卡谢夫斯基(James Lukaszewski)在一次演讲中提到过的故事一样:

一天，一个农夫坐在路边，看见一辆公路局的卡车在路边停了下来。一个人跳下车，在沟里挖了一个坑后回到车上。几分钟后，另一个人从卡车上跳了下来，填满了这个洞，扫清泥土后也上了车。卡车向前行驶了大约五十码的距离，他们又重复做了一遍之前的工作——挖洞、填满。在他们这样重复六次之后，农夫忍不住走上前去，问道："你们在干什么？"司机答道："我们在做道路美化工作，负责种树的那位同志今天患了思乡病。"

作为团队的领导者，我们必须认识到团队中的哪些角色需要成员填补才能实现团队的目标。当我们发现有角色空缺时，应立即对团队做出调整，确保工作顺利进行。

一支高效的团队具有良好的替补队员

在体育运动中，替补队员可能是团队中最易遭人误解的。很多首发队员都相信他们在团队中很重要，而替补队员则是无关紧要的，并且认为没有替补队员也能成功。做了很长时间替补队员的人也不会认可他们自己对团队做出的贡献，有一些替补队员甚至错误地认为，他们不必像首发队员那样积极地为比赛做热身运动。但是，事实上，一名优秀的替补队员是必不可少的。如果没有好的替补队员，团队就不可能获得成功。

首先，一名优秀的替补队员能给团队带来的首要优势就是后备力量。在体育运动中，虽然很多团队能一连在整个赛季中获胜，但是当竞争愈加激烈时，如赛事延长或参加全国联赛，若没有后备队员，团队是不可能赢得比赛的。如果团队没有出色的替补队员，它甚至都无法继续存在下去。我还没有见过一支没有好的替补队员的冠军团队。实际上，培养一名优秀的替补队员与这本书所讲的很多方面都息息相关：挑选、配备和培养人才，要让他们在团队需要时，尽最大的努力完成工作。

如果很多优秀的运动员能够扮演不同的角色，那么团队领导者在任何情形下都能应对自如。例如，在篮球比赛中，如果对手是一支个子普遍都很高的球队，那么教练就可以根据对手的情况，重新调整或安排运动员上场；如果碰到以快攻见长的球队，教练则可以另外安排善于快速反攻的队员比赛。因此，安排哪些运动员上场比赛更多地取决于对手的情况。其他团队中如果有强劲的后备力量，其领导者也会做出同样的选择。拥有强有力的替补力量，团队才能漂亮而有效地应对各种情形。

替补队员的另一作用在于为团队整体水平定下基调。这是毋庸置疑的，因为团队的准备工作取决于替补队员。在体育运动中，团队训练都是假设自己的队友为对手。如果所选队友只与低水平的队员一起训练，其水平就不会得到提升。但是对于一名出色的替补队员而言，在团队训练时就要全力以赴，不断提高自己的水平。在任何组织或团队中都是如此。如果团队的整体能力每天都有提高，那么它的表现一定会是一流的。

最后，一名出众的替补队员也是团队成功所必需的因素，因为他为精疲力竭的场上队员提供了休息的机会。在成功的团队中，当一名成员因疲惫或受伤而无法再坚持下去时，他的队友便会挑起此重担来让他休息，这可能是最优秀的团队合作精神———名队员愿意在其队友需要时接过重担并在比赛中加强发挥，也是队员愿意将团队及其目标放在首位的最好体现。

团队成员明确团队所处的位置

在体育运动中，辨别优秀队员和一般队员的一个标准就是，看他能否时刻判断出团队当下所处的位置。有了这种品质和天赋，能使队员的水平更上一层楼，比如从校队提高至职业队。教练们对此也有不同的叫法，如足球教练称其为足球意识、篮球教练则称之为赛场意识或赛场愿景等。凭借这种能力，他能知道比赛所剩的时间、所落后的分数以及双方球队中哪一位队员表现最佳、哪一位队员状态欠佳。这是造就伟大团队或队员的一项品质。

能时刻对团队的现状做出判断，是辨别优秀队员与一般队员的重要标准。

在赛场之外，我们将这种品质称为组织意识。凭借这种能力，可以知晓组织或机构的现状如何、距离目标还有多远、怎样立于不败之地、各个成员表现如何，以及为了使团队能向既定方向前进，他们须要做出多少贡献。并非所有的成员对这种意识都有同样的天赋，因此团队领导者的任务就是要让所有成员了解工作进度，使他们留心团队的发展，倾听其他队员的意见以便明晰团队的现状。如果所有的团队成员都能明确团队现处的位置，也就能明白其应该为团队的成功做些什么。

团队成员愿意付出代价

成功应该归结于成员的牺牲,即愿意付出代价,这对于一支获胜的团队也是千真万确的。每一位团队成员都必须要为训练和准备工作付出时间和精力,而且还要敢于承担责任,牺牲自己的欲望,为团队的成功放弃个人的利益。

成功应该归结于成员的牺牲,即愿意付出代价。

所有成功也可归结为团队中个人的愿望和奉献精神。这在商业和体育运动中也同样正确。在对海湾战争多国联盟部队的指挥官大卫·弗罗斯特(David Frost)的采访中,史瓦兹科夫将军(General Norman Schwarzkopf)问道:"你在这次战争中获得的最重要的教训是什么?"他回答道:

> 我认为,这其中有一个真正的基本军事理论。你能够增加部队的军事力量,清楚坦克和飞机的数量以及军队的其他力量,将这些所有资源组合在一起;但是除非陆上的士兵和空军都有获胜的愿望,能进入作战状态,相信自己所从事的事业是正义凛然的,有国家的支持做坚强后盾,否则,其余都是无关痛痒的……

如果每位成员不坚信这个事业是值得的,那么战争就不会获得胜利，这支团队也无法取得成功。必须要有奉献精神。

当你在企业中组织团队时，你会得到意想不到的成功。极其有价值的愿景和团队的合作精神，能使普通人获得非凡的成就。当团队成员都是出众的领导者时，他们所拥有的成就也会不断叠加。团队整体所需的就是一位合适、恰当的教练。如何成为这样的教练则是下一章节中要讨论的主题。

第八章
领导者的最大乐趣：
指导领导者的"梦之队"

1992年，全美体育记者都在报道"梦之队"——由迈克尔·乔丹（Michael Jordan）、拉里·伯德（Larry Bird）、魔术师约翰逊、查尔斯·巴克利(Charles Barkley)及其他篮球明星组成的美国奥林匹克篮球队的新闻。团队中有些成员被称为篮球史上的最佳运动员。当观众在观看比赛时，并不是想知道他们的输赢，而是想看到他们会表现出怎样华丽的球技，能超出对方多少分。这是一支聚集着顶尖球星的团队，连对方球队的球员都会向他们索要签名。

所有教练都梦想着带领这样一支团队——成员们熟悉赛场、天资聪慧、心怀远大志向并遵守纪律准则，努力达到成功的最高水平。大多数领导者也同样梦想着领导这样一支队伍，但他们中的很多人却认为这样的事就如水中捞月一样，不可能发生。为什么？因为他们并没有领会到做一名成功教练的重要意义。银行家沃尔特·瑞斯顿（Walter Wriston）在《哈佛商业评论》（*Harvard Business Review*）上发表文章指出："在企业中，如果一个人明白如何利用企业的整体智慧，那么他就一定能战胜竞争对手！"这就是伟大领导者的所为：利用团队的集体智慧，并清楚如何挑选、激励和授权他的员工。

在对领导力研究的这40年里，我有幸被授权领导过一些优秀团队。通过这些年的研究，我发现，领导者本身必须要有十项素质，才能成为指导"梦之队"的教练。

"梦之队"教练应具备的素质

如查尔斯·弗朗西斯（Charles Frances）所言："你可以买下一个人的时间，甚至可以买下他在一定条件下的身体状态，但你却无法买到一个人的热情、忠诚……奉献精神以及思想和灵魂，而这些恰恰是你须要努力争取的。"以下这十项素质能使"梦之队"教练赢得团队的尊重和忠诚，并激励团队成员有"梦之队"那样的表现。

要会选才

在本书中，我已多次提到甄别和挑选潜在领导者的重要性。你应该已经了解了如何将人发展成高效、独立行事的人才。选择合适的人才是关键。长期担任波士顿凯尔特人队董事长的阿诺·奥尔巴赫（Red Auerbach）曾说过："挑选人才比在工作中管理人才更重要。如果你在初期时用对人，那么后期就会一帆风顺；如果是因为某种原因而让你无法聘用到合适的人才，那么你会陷入很大的麻烦之中，而且就算是世界上最先进的管理技术也会使你束手无策。"另一位伟大的体育教练卢·霍兹则这样认为："只有拥有出色的运动员才有可能赢得比赛，否则便是徒劳无获；但是，即使是有了好的队员，你也有可能会输。这就是不同教练领导下的不同结果。"人们都承认："必须要选择精良之才，慢慢打磨，才能创建出一支成功的团队。"

正如鲍勃·比尔在《增强你的领导力信心》（*Increasing your leadership confidence*）一书中所明确指出的：有了合适的成员或选手就能够决定任何公司或团队60%~80%的成功。如果你想给自己一次成功的机会，那么就先从挑选优胜者开始吧。

合适的成员或选手能够决定任何公司或团队60%~80%的成功。

我能够确定团队中哪些人是优胜者，也能判断出一位成员是否具有潜力成为全明星队队员并为之做出贡献。我希望我周围的人员能够：

了解我的愿景：双方均须投入时间，互相了解对方的愿望。

忠诚：他们能够代替我，继续延伸我的工作。

可靠：他们不能滥用职权和信任。

审慎行事：能替我做决策。

拥有奉献精神：他们因为我的高标准而肩负重担。

勤于思考：两个人的聪明才智总会胜于一人。

善始善终：他们拥有权力和远见。

信仰上帝：虔诚地信仰上帝是我生命的动力。

当一个人具有以上品质时，我就能确信他在我的"梦之队"中是有潜力的人员。

要交流比赛（行动）计划

我结识的每一位出色的教练都会围绕比赛计划而开展工作。他所制订的计划不仅仅是为了每一次的比赛，而且还是为了团队整体当前和未来的发展状态。一旦比赛计划被拟订，他就要转而不断地与团队成员们交流此计划。

前阿拉巴马州大学的足球教练贝尔·布赖恩特在与队员交流比赛计划方面卓见成效。他认为，球队成员须要知道一些具体事项。以下这五点是一名教练应该做的：

·告诉队员你对他们的期望。这会使他们明白如何适应比赛计划，并且知道该为此做些什么。

·给队员提供表现的机会。这会让他们有机会成为此计划中的一部分，并竭力实现未来的愿景。

·让队员知道他们的进展。这会给他们一个学习、改善和增长自己知识的机会。

·在队员需要时，给予指导和授权。这将教会他们学习、改善和多做奉献的方法。

·根据队员的贡献给予适度奖励。这是他们不断努力的动机。

此过程必须要以交流比赛计划为起点。这是生产效率的关键，因此必须要与信息交流同时进行。或者像西德尼·哈里斯（Sydney J.Harris）所说："信息交流在沟通过程中会顺利完成。如果团队领导者与其成员有较好的沟通，那么就能够促使他们获得成功。"

要在团队整体的磋商上投入时间

在沟通过程中，另一个重要的部分是相互磋商。当一个团队紧密团结在一起时，便能对比赛计划和其实施方案等问题进行磋商，集思广益。当运动员无心与团队聚在一起磋商时，那么就会造成极其糟糕甚至滑稽可笑的后果。来看看以下这个故事：

一位绅士在沿着居民区街道散步时，看到有人在家门口费力地搬洗衣机，便自告奋勇地上前帮忙。屋主狂喜万分，于是两人一同搬，但却丝毫没有搬动。两个人便停下来，精疲力竭地互相望着对方。最后，当他们喘过气来时，绅士对屋主说："只有我们两个人是不可能把这台洗衣机搬进去的！"屋主大声喊道："搬进去？我是要把它搬出来！"

我发现没有一件事情会紧急到连相互磋商的时间都没有。以下是一起磋商所带来的五点好处：

• 集中强调重点。不论教练与团队成员就行动计划交流得多么频繁、多么有效，花些时间让团队成员重新回顾一下工作重点并无坏处。在篮球比赛中，成功的教练都会通过叫暂停来召集队员商量比赛对策，尤其是当对手打乱他们原定的比赛计划时更是如此。当全队成员齐心协力时，他们便可以巩固基本要领使比赛回到正轨。

即使在政治生涯中，集中强调重点也极为重要。1992年，分析家们都纷纷评论该次大选的候选人员实力平平，唯有比尔·克林顿（Bill Clinton）独占鳌头，当选为总统。

理由之一便是，他能够将竞选议程的重点放在大多数美国人所期望的"变革"上。

·聆听他人意见的机会。当团队密切地集聚在一起时，队员和教练都有机会交流信息和交换意见。交流必须是双向的。当教练听到正确的信息时，会帮助他准确地下达命令。同时，新的信息也会促使教练做出相应的调整。

·做出人事变动的机会。有时，教练须要做出调整，变动人事或重新划分队员的责任范围。在通常情况下，最好的解决问题方案就是让另一名队员去处理它。出色的教练都会注意到这一点并愿意做出变动。

·改变战术的机会。在某些时候，运动员的表现是优良的，须要改变的只是技术打法。灵活变通是一名教练应具备的宝贵素质。最出色的教练往往都擅长做出必要的调整。

·提供休息的机会。有时队员们需要的只是一个停下来休息的机会，深呼吸后重新调整自己。一次及时恰当的商谈能帮助团队成员们重振旗鼓，使他们坚持不懈，走向成功。

要了解队员的喜好

要使团队队员们发挥出最佳水平，就需要教练用心地去了解他们，懂得他们所珍视的东西。目前，总部设于堪萨斯州的培训机构Padgett Thompson要求员工根据重要程度列出他们在工作中的期望。随后，他们便在《培训与发展周刊》（*Training and Development Journal*）上发表了这些研究结果，在所列出的项目中有三项内容是员工最为重视的：

- 出色完成工作得到他人的欣赏。
- 参与感。
- 管理层对他们个人困难的理解。

之后，Padgett Thompson培训机构将这些研究结果同领导者们所认为的员工重视的东西做了比较，结果发现领导者们将以上这三项分别排在了第八位、第十位和第九位。

领导者们对员工缺少认识，这一点可用于解释约翰·哈特菲尔德（John D.Hatfield）和理查德·赫斯曼（Richard C.Huseman）在《管理平均要素》（*Managing the Equity Factor*）中所发表的另一研究结果。文中说道，全美85%的工人都认为他们的工作还能更努力些；超过半数以上的人认为，如果他们愿意，他们还可以将工作效率提高一倍。

事实上，工人们都没有这样做，因为他们缺少激励。领导者并不了解他们的需求，他们常常因个人原因而不是职业原因更换工作。在激励方面，感情因素占主导地位。优秀的教练不仅要了解队员的喜好，而且还要会利用这一点实现团队整体及队员个人的目标。

要擅长解决问题

洛杉矶突袭者队（Los Angeles Raiders）老板艾尔·戴维斯(Al Davis)曾经说过："一位伟大的领导者并不会将问题当作特殊的事来处理，而是将它们看成是平常之事。"同理，成功的教练也从不会将"完美"当作他们的目标。如果他们这样做了，那么他们每次都会面临失败。我们生活在一个不尽完美的世界中，总会有各类问题出现。当然，一位领导者应追求卓越，但他应该料想到会有各种不同的问题出现，无论相信与否，他都应以乐观积极的态度应对问题。问题几乎总是能为学习、成长和提高创造机会。

> 问题几乎总是能为学习、成长和提高创造机会。

所有的领导者都应该是解决问题的高手。为此，他们必须要做到以下四点：及时预见问题；持有乐观的态度面对问题；竭尽全力、快速地解决问题；从问题中汲取经验，防止同样的问题再次发生。

需要教练解决的难题主要归结为三类，涉及队员、与赛前准备相关和与比赛有关。

- 解决涉及队员的问题。与队员有关的问题需要良好的沟通能力和解决问题的技巧。常见的问题是队员的行动没有团队集体性（有关解决问题的方法请参见第七章）。另一种情况可能涉及正遇到某些个人问题的队员，他们需要教练的帮助和理解。最令人懊恼的问题或许是有些队员无法发挥出自己的潜质。因此，一位好教练必须要与他们一同努力，帮助他们制定目标并以此为动力推动他们再一次成长。

- 解决与赛前准备有关的问题。可能与赛前准备有关的、最常见的问题就是厌烦情绪。很多在准备阶段要注意的基本要领，都是令人厌倦的。优秀的教练应该营造出一种气氛，能够将这种厌烦情绪降到最低，并让队员们达到准备阶段所具有的积极成果。

与厌倦有关的是士气问题。当团队士气低落时，工作效率必然低下。而优秀的教练总会使队员保持积极向上的态度。

最后一个问题是，教练不能根据不同的对手（或项目）做出不同的准备工作。优秀的教练总会用不同的视角迎接每一位对手。如果能将每一位新对手看成是独一无二的，那么团队获得成功的可能性会更大。

> 优秀的教练总会用不同的视角迎接每一位对手。

· 解决与比赛有关的问题。正如我所谈论过的，在每一场比赛开始前，优秀的教练都会以积极的态度制订一个计划。但是因为问题时有发生，他们又需要对计划做出相应的整改。当快速做出整改后，教练应立即清楚地与队员交流。

我曾经看过这样一篇文章：尤里塞斯·格兰特（Ulysses S. Grant）将军身边总会留着一名头脑非常简单的士兵。每一次当他准备向手下士兵发布命令时，总会先说给这位士兵听，直到他完全理解为止。这样，他就能确定自己所有的沟通交流都是清晰易懂的。

最后，所有教练都认为自己所做的决定会遭到反对。无论问题怎样解决，都会有人说它是个错误的决定。一名教练必须要做到不管反对的声音有多大，都能坚持自己的信念。

当你做好解决问题的准备时，请将达拉斯小牛队（Dallas Cowboys）前主教练汤姆·兰德里（Tom Landry）的这一席话谨记于心："一位成功的领导者必须要不断革新。如果你不能领先于他人一步，那么很快你便会落后于每一个人。"创造性地解决问题，将所有的人员都当作资源来利用，这就是你辛勤挑选并发展他们的原因之一。

要提供支持

当教练决定做一位推动者而不是独裁者时,就会创造出最佳的支持环境。教练与队员间联系得越紧密,团队成功的可能性就会越大。由教练控制全局,虽然有时也能取得成功,但绝不会像集体努力那样卓有成效。下面来看一看推动者与独裁者在处事方面有哪些不同:

独裁者
(1)迟迟不公布决定。
(2)单独或由极少数限定人员做决定。
(3)以领导者自居,将真理和智慧看作是他的专利。
(4)以上级发布指令的形式管理员工。
(5)维护自身利益。
(6)关心自己。

推动者
(1)开诚布公。
(2)尽可能多地让其他人参与重大决策,并给予他们做决定的余地。
(3)将真理与智慧看作是团队成员们共享的。
(4)让相关责任人自行决定如何开展工作。
(5)通过发展,维护每位成员的利益。
(6)关心团队整体。

除了提供环境支持,鼓励每位成员踊跃参与外,一名伟大的教练还要给予队员们充分的肯定。每一位成员都会对此做出回应。

优秀的教练支持队员的另一种方式是简化队员们的生活。你认为任何人都会积极响应官僚制度的繁文缛节吗？

形式、形式、形式＋规则、规则、规则
＝挫折、挫折、挫折

如果这些能简化，我想给那些最具创造力和创新精神的人一个开阔的领域自由驰骋，而无须跨越重重障碍。

最后，提供长久支持的最佳方式之一就是为团队创造一个长效机制和长盛不衰的传统。波士顿凯尔特人队和达拉斯小牛队中新招的一些职业球员经常会仰慕地说起团队的常胜传统，这种传统会创造出一种积极的氛围，也会产生一种价值非凡的势头。

当一支团队连续获得胜利时，全队就会形成一种积极的态度和动力；当接连取得几个赛季的胜利后，这种胜利就会成为一种传统。那时教练就可以不再出去寻找优秀队员，相反他们则会自告奋勇地前来应聘。

要赢得队员的尊重

不受尊敬的教练永远都不能使队员按照他的要求行事。在《高效能人士的七个习惯》（*The Seven Habits of Highly Effective People*）一书中，史蒂芬·柯维（Stephen Covey）这样说道：

如果我尝试采用人际影响的策略和战术来让他人按照我的意愿行事，更好、更主动地工作，更喜欢我和其他人——然而我的品格却本身带有瑕疵，表里不一，口是心非——那么，从长远来看，我终究会以失败告终。我的表里不一和口是心非会造成他人对我的不信任，我所做的一切——即便是使用了所谓的良好的人际关系技巧——也会被视为是操纵。

无论你有多少豪言壮语，不管你的意图有多好，结果都不会有很大区别。如果你得不到信任，那也就失去了永久成功的基础。只有善良的本质才能给予所有技巧以依托。

赢得尊重需要时间，并无捷径可寻。只有始终坚持以下三种品质，你才会得到尊重：

·值得信赖。人们绝对不会尊重一个无法信赖的人。优秀的教练深谙这一点并且从一开始就努力工作，去赢得队员的信赖。杜克大学的篮球主教练迈克·沙舍夫斯基(Mike Krzyzewski)曾经说过："如果你创建了一种沟通信任的氛围，它就会变成传统。团队的老成员就会在新成员面前建立你的可信度。即使他们不一定处处欣赏你，但他们仍然会说，'他值得信赖，他对我们团队整体很负责'。"

·关心他人的态度。在我领导他人的这些年里，我已上千次地说过这句话："人们不会关心你的知识多么渊博，除非他们知道你有多么关心他们。"没错，如果队员们能感受到你对他们真正的关心，能感受到你对他们利益的重视，那么团队成员自然会追随你、尊重你。就像美国密歇根大学的前橄榄球教练伯·谢姆百切勒(Bo Schembechler)所说的："其实，让你的队员知晓你对他们的关心是最重要的事情。如果队员感受不到关怀，那么我将会因此感到愧疚和受到惩罚。久而久之，他们就知道我会陷入窘境。"

·做出艰难抉择的能力。队员从来都不会对一位不能为团队成功做出艰难决定的教练心生敬佩。当教练愿意做出这样的决定时，他的队员则会感知到他正在为团队的最大利益而竭尽全力。队员们也会因此拥有安全感，为团队利益做出更大的努力。汤姆·兰德里说过："对于教练而言，可能最艰难的决定就是在个人最大利益与团队最大利益间作抉择。如果仅仅因为一名队员曾对团队做出过贡献或出于你个人的喜欢而留下这位队员，放弃另一个可以做得更好的成员，那么最终会损害团队集体的利益。"这样的教练也会失去团队成员的尊敬。

赢得尊敬需要时间，并无捷径可寻。

不能一视同仁

教练可能会犯的最大错误就是对所有成员一视同仁。聘请教练的目的是为了团队能够取胜——而不是取悦每一位成员或给每一位成员相同的时间、金钱和资源。虽然每一位队员都必须得到支持和鼓励，但不能否认的是，要让每一位成员得到同等待遇，不仅不现实，而且还具有破坏性。当所有的队员都得到相同待遇和补偿时，平庸甚至恶劣的表现就会与最优秀队员所做出的杰出贡献一同受到嘉奖。

伟大的教练都是根据队员过去的表现来提供机会、资源和上场时间。表现越出色，机会就越多。当你拥有像前芝加哥公牛队巨人——迈克尔·乔丹这样的队员时，你自然会尽可能地把球传到他手中。

> 伟大的教练都是根据队员过去的表现来提供机会、资源和上场时间。

或许有时候你没有过多的时间去注意一名队员，不清楚他的水平究竟如何。尤其是对新招募的队员，更是如此。这时，你就可以经常给他一些小的机会，并尝试尽可能多地安排这些机会。这样，你很快就能清楚他的能力如何，同时也能知道该如何对待他。

要接连不断地取胜

一名成功的教练所面临的唯一一个比获胜更难的挑战就是：接连不断地取胜。正如网球、高尔夫球职业选手和前奥运会冠军艾尔西亚·吉布森(Althea Gibson)所言："在体育运动中，在你成功地守住冠军头衔之前，都不会被看作是一名真正的冠军。一次取胜可能是侥幸，两次都获胜才能证明你的实力是最超群的。"几乎任何人都可以举出他们所取得的唯一一次胜利，但是要成为一名伟大的教练，仅有一次胜利的经历是不够的，还需要持续积极的表现。

在体育运动中，要在两个赛季中连连获胜是非常困难的，所以球队会经常邀请一些专家顾问，如心理学家布鲁斯·奥格尔维（Bruce Ogilvie）为团队成员进行心理辅导。在1988年8月的《成功》（Success）杂志上，记者丹·古特曼（Dan Gutman）列出了奥格尔维认为确保成功所必备的几点要素：

- 练习专业技能。无论团队获得多少次成功，都还有不断提升、做到尽善尽美的空间，因为团队中有些成员还未彻底发挥出最大的潜力。要与团队成员一同发展、提高，要让每一位成员都集中精力于各自在本赛季的新目标。

·做出改变。每一位胜利者都会趋向于一成不变地复制过去成功的方法，这是有弊端的。如果你和你的团队只在原地踏步，那么其他团队就会迎头赶上并超过你们。应该利用你过去的成功动力不断改变、发展团队。

·奖励未获奖者。每一支团队中都有默默无闻的英雄——他们对团队的贡献易被忽视。找出这些成员，奖励他们，表扬他们，并为他们提供更多的机会。

·转移重担。如我之前所说，成功总是要付出代价的。你的团队取得了成功，是因为团队中的一些成员做出了牺牲，挑起了重担。他们放弃自己陪伴家人的时间，长时间地工作、训练，将团队的目标置于个人目标之上。这些人已做出了如此巨大的牺牲，不能让他们再这样继续做出更大的牺牲，应让他们休息，并让其他愿意挑起这副重担且有能力的成员接替他们。

最重要的是，不要沉浸在往日的胜利之中。如果你将注意力放在过去，而不是未来，你必定会屡遭惨败。就像我听过的一个推销员的故事：在7月1日举行的销售人员例会上，经理说道："我想祝贺肯特（Kent）在工作中的优异表现。他一个月卖出的汽车比其他销售人员都多。"大家鼓掌称赞。经理接着说："但这是上个月的销售业绩，我们现在应将注意力集中在7月份。"先祝贺员工取得的胜利，让他们短暂地高兴后，再展望未来。

另一种帮助团队成员不断胜利的途径是避免精疲力竭。如果能及时发现并立即调整是最好的。心理学家贝弗利·波特(Beverly Potter)相信，如果能及时发现，就能够避免队员精疲力竭。她认为，精疲力竭的人会全身乏力，失眠，缺少创造力，无法做出决定，易怒，言辞尖刻，或身体方面会出现诸如疲劳、紧张性头痛、身体疼痛和恶心等症状。

体育分析家、前奥克兰突袭者队（Oakland Raiders）冠军教练约翰·麦登（John Madden）就是精疲力竭的受害者。有人曾问他，他刚开始出现精疲力竭的征兆是什么。他回答道："因为你不感兴趣，所以你没有精力。突然，你不再关心新招募的队员，不再对小型露营感兴趣，不再关心谁是最好的中后卫球员，不再关心老队员的续约，你对任何事都漠不关心了。时间却在这些不关心中匆匆流逝……你已成为历史，你已经结束了。"因为他疲惫不堪了，因此不能再继续执教。同样的事也可能发生在你或你的队员身上。要节节取胜，就要避免精疲力竭。

要熟知队员的水平

对教练而言，最常犯的错误之一就是不能正确判断队员的水平。如果领导者不能依据队员的水平和能力来安排工作，那么这名队员的工作就不会有成效，无法取得成功，也不能长久发展。管理学顾问肯·布兰佳根据团队成员对领导者的需要将其分为四种类型：

- 需要指明方向者。需要指明方向的队员自己并不知道要做什么或怎么做。在这一阶段，每一步都需要你的指导。因为这些新招募的队员无法独立完成工作，所以他们所做的工作其实都是你的，只不过是通过他们完成而已。
- 需要教练者。在有些方面，新进队员则有能力自己完成。他们虽然已变得较为独立，但仍然需要你的指导和提示。你们就像合作伙伴一样一起工作。

・需要支持者。在这一阶段，没有你的指导，队员可以自行完成工作，但仍然需要你的支持和鼓励。

・能够授权者。在这一阶段中，你可以交给队员一项任务，并相信他可以完成。队员仅需要你做领导，在前方提供愿景，并在后方给予信赖，那么他将会使你的成功倍增。

授权："梦之队"教练最有力的工具

一位领导者可能具有以上提及的所有品质，但如果他不通晓授权的艺术，他就永远不会发现他在为一支"梦之队"执教。授权是领导者拥有的最有力的工具：它可以提高员工自身的工作效率，也可以提高部门或团队机构的效率。不能或不愿意授权的领导者将会成为发展生产力的一道障碍。

> 授权是领导者拥有的最有力的工具。

授权的另一好处在于提高企业成员的积极性，因为这为他们发展和走向成功提供了机会。

如果授权对于领导者的成功至关重要，那么为什么一些领导者不愿意授权呢？这其中有很多原因。

1.没有安全感

一些领导者担心，如果自己不能掌控一切的话，就意味着他们的地位会受到威胁。他们担心因逃避责任而受到批评。最根本的原因是，他们害怕失去自己的工作。

2.对他人缺乏信任

有些领导者认为他们的员工不足以完全胜任这份工作,所以他们事必躬亲。他们认识不到,可以通过给员工一个表现、犯错及从中学习的机会来逐渐授权给他们。要想成功,所有领导者最终都必须要允许他人来担此重任。领导者在授权中犯错,被授权者也会犯错,但这恰恰就是学习过程中的必经之事。

3.缺乏培训他人的能力

成功的授权者不会在员工没有提前准备的情况下将任务直接交给员工。如果授权者这样做了,那么他的员工不但无法完成任务,而且还会对授权者心生厌恶。因此,他们必须在授权之前和错误出现之后对员工加以培训。当领导者开始学习培训他人时,就能更好、更有效地进行授权。

4.任务中的个人喜好

对员工而言,放弃他们喜欢做的事是很困难的。但有时候,舍弃一项让自己喜爱的工作却是领导者最擅长的事。领导者须自问的是,这项工作能否由其他人完成。如果能,那么就要授权给他人。领导者应集中精力于他人无法完成的任务上,不能只是简单地做自己喜欢的工作。

5.习惯

与喜欢做一件事相似的是习惯。人们习惯做某事并不意味着他们一定要继续做这件事。当一项工作变得简洁明确时,领导者要做的便是将此事授权给他人,自己继续做其他更复杂的工作。

6.缺乏慧眼识英才的能力

马克·吐温曾经说过:"自己永远不要去学习做任何事情。这样,你便能找到其他人为你效劳。"虽然他这话说得并不严肃认真,但却蕴含着一丝道理,即你必须要找到能接重任的人。在你需要时,恰好有人主动要求为你做事的情况毕竟是少数。一位找不到授权人员的领导者恐怕还须要更加努力才行。

7.由过往失败所引发的抵制情绪

正如我所提及的,当领导者努力授权失败后,可能不愿意再进行授权。肯·艾伦(Ken Allen)在《卓有成效的管理者》(The Effective Executive)一书中写道,我们不应该因授权的失败而独揽万事,也不应该责怪被授权接受任务的人。他提到:"授权失败的原因几乎很少会归结给下属。也许是因为这项工作,你挑错了人员,没有给予他们足够的培训、发展和激励。"如果你过去在授权方面遇到过麻烦,那么不要舍弃,试着找出问题所在,从中吸取经验,再尝试授权给他人。

8.缺少时间

没有足够的时间教授他人做事可能是人们为没有授权而最常用的一个理由。而没有授权又可能是人们缺少时间的最常见理由。由于时间的缺乏而未授权则是目光短浅,殊不知预先用在授权上的时间可以在以后补回来。

例如,我们假定一位领导者须要花1小时的时间来完成一件每周的例行工作。他开始决定教他人做这件事,起初花费了5小时。在接下来的3周里,每星期花1小时,这样他总共用了8小时——即从他繁忙的工作时间安排中,抽出了整整一天的时间。当然,在之后的两个月中,他自己花同样的时间也可以做好这份工作。

然而，如果他能高瞻远瞩一些，就会意识到这8小时的投资能在年底为他额外带来44小时的回报。这就意味着他赢得了整整一个星期的时间！另外，还有一个附加的好处就是他授权的员工将来还可以代替他完成其他工作。为了打破这种缺少时间的恶性循环状态，领导者须要挑选合适的人员授权予他，并愿意在最开始时付出一些培训时间。

9."我做得最好"的思维模式

为了把事情做好而亲力亲为的领导者最终将收获甚少。新上任的领导者碰到的最大问题是他们不愿从"做事"转变到"管理"。美国钢铁公司董事长埃德加·斯皮尔（Edgar Speer）曾说过："你不必试图去控制员工怎样工作。根本没有办法这样做，这样做甚至是毫无意义的。每个人做事的方式不同，他们都想展示出自己的方式有多么棒。主管的作用是分析结果而不是试图控制员工的工作方式。"如果你想把一些小事做正确，那么就亲自动手；而如果你想做一些能产生重大影响的大事，那么就要学会授权。

如果你承认自己的做事方式与以上所述的相同，那么你授权得还不够彻底。如果你开始不能如期完成任务并频繁地陷入危机中，这可能预示着你急需授权他人。留心观察你周围那些准备着征服新世界的员工——这是你授权给他们的最佳时机。

10.授权的步骤

使员工轻松地接受授权非常重要。如我之前所述，如果你想让他人获得成功，你就不能只是简单地把工作任务推给他们。我授权给他人时遵从以下步骤：

- 让他们发现事实。这给了他们一个"开始涉足"的机会，使他们熟悉问题和目标。

- 让他们各抒己见。这使他们进行思考，并给了你一个理解他们思考过程的机会。
- 让他们实施自己的一个建议，但必须是在获得你的许可后。这是一个决定性的时刻，使他们心向成功，而非失败，并持续地鼓励他们。
- 让他们独立行事，并立即报告结果。这将给予他们自信心，并在必要的时候，处理紧急事件。
- 给予完全的自主权。这是最后一步，也是你的奋斗目标。

让团队成员做他们想做的事是教练的职责，这样他们才能实现自己的目标。拥有适当的工具和正确的态度就能做到这一点。你越磨炼自己的技能，越专注于自己的发展，越有奉献精神，作为教练的你就越成功。如果你能真正奉献出你所拥有的一切，那么有一天你就会成为"梦之队"教练。这也是你人生中最大的快乐之一。

下面两个测试可以帮助你衡量自身的教练水平。第一个与授权有关。

关于授权的错误看法

问题：

回答下列问题并在"T"（正确）与"F"（错误）上做标记。

（1）经常授权给做过类似工作的下属。　　　　T　F

（2）你授权的人员应该尽可能多地熟悉工作任务。

　　　　　　　　　　　　　　　　　　　　　T　F

（3）授权的工作开始时就应该建立管理机制。

　　　　　　　　　　　　　　　　　　　　　T　F

（4）在授权工作中，监测方法与得到预期的效果同样重要。　　　　　　　　　　　　　　　　　　T　F

（5）在授权的任务中，涉及关键性的决策应由授权者来决定。　　　　　　　　　　　　　　　　　T　F

（6）即使是苦差事，授权的工作也总是像挑战一样。

　　　　　　　　　　　　　　　　　　　　　T　F

（7）授权意味着分配工作。　　　　　　　　　T　F

（8）授权期间，不要提供任何建议。　　　　　T　F

（9）为避免出现偏袒现象，授权时应以相同的委派程序和系统给下属安排工作。　　　　　　　　T　F

（10）如果下属不能胜任所授权的工作，那么就不要再次授权给他。　　　　　　　　　　　　　T　F

答案：

（1）F：如果你将相同的任务多次授权给同一个人，他们就不会有其他的成长机会。同时，对需要发展机遇的员工也是不公平的。

（2）T：你给将要执行此任务的人员提供的背景信息越多，授权过程就变得会越快、越简洁。对于经验丰富的授权对象而言，你可以提供一部分信息给他们，而且还要告诉他们如何自行获得额外的信息。

（3）T：管理机制不仅有助于防止故障发生，而且还可以为你所授权的人提供信心。

（4）F：这是一个缺乏经验的授权者通常会陷入的圈套。要求其他人使用你的方法会扼杀掉成功授权所需要的主动性和创造力。

（5）F：这是水平低劣的授权者所犯的另一个常见错误。只有正确的授权才伴有做出决策的权利和责任。

（6）F：在委派任务中的欺骗现象是对下属的侮辱，而且也会损坏相互间的信任。

（7）F：正确的授权包括移交权力和责任以便决定哪些工作一定要完成，以及如何找到这些工作和由谁来担此重任。

（8）F：让员工按照自己的方式处理工作，但是在他们着手开始之前要尽可能多地给予他们你所想到的建议（和愿景）。尽量解答他们的疑问，但是不要让他们察觉或替他们解决问题。学习解决问题的过程也是成长发展的一部分。

（9）F：任务各有不同，执行人员也各有差异。任务的难易程度和人员的经验技巧都要考虑在内。在你授权时，要修改问责制度用以配合被授权人员。

（10）F：不要因为一次过失而对下属绝望，因为这可能是由于某些情况是他们所无法控制造成的，也可能是因为你的授权方式所导致的结果。因此，要检查出错的地方并找出原因。

得分：

每做正确一题得1分。

9~10分：你是一位一流的授权者。

6~8分：你只对基本理论略知一二，但仍须继续学习。

5分或5分以下：在领导力技巧上，你已出现严重劣势。

如果你目前负责领导或管理他人，那么你就要让他们像团队一样相互沟通、相互影响。第二个测试将帮助你确定如何更好地执教。

如何更好地指导你的团队

运用以下重要提示回答问题,并计算出总分。

1=尚未考虑 2=在初级阶段

3=扎实发展中 4=即将完成 5=全部完成

(1)我已经挑选好队员。　　　　　　1 2 3 4 5

(2)我已向队员证明我对他们的关怀。

　　　　　　　　　　　　　　　　　1 2 3 4 5

(3)我已激励他们去关心团队中的其他人。

　　　　　　　　　　　　　　　　　1 2 3 4 5

(4)我知道队员的喜好。　　　　　　1 2 3 4 5

(5)我积极鼓励团队的发展。　　　　1 2 3 4 5

(6)我已发展了一支相处融洽的团队。

　　　　　　　　　　　　　　　　　1 2 3 4 5

(7)我支持我的队员。　　　　　　　1 2 3 4 5

(8)我已教给他们什么是重点。　　　1 2 3 4 5

(9)我经常与他们沟通行动计划。

　　　　　　　　　　　　　　　　　1 2 3 4 5

(10)我率先做出贡献。　　　　　　　1 2 3 4 5

(11)我的队员愿意将团队利益置于个人利益之上。

　　　　　　　　　　　　　　　　　1 2 3 4 5

（12）我已培养了一名优秀的替补队员。

             1 2 3 4 5

（13）我鼓励每一位队员找到自己的位置。

             1 2 3 4 5

（14）我赢得了队员的尊重。 1 2 3 4 5

（15）我根据队员的表现予以奖励。

             1 2 3 4 5

（16）我建立了节节胜利的传统。 1 2 3 4 5

（17）我预料到了问题并做好准备解决问题。

             1 2 3 4 5

（18）我了解每位队员的水平。 1 2 3 4 5

（19）我花时间教授技能并积极授权。

             1 2 3 4 5

（20）我只做些不能授权的工作。 1 2 3 4 5

评分：

90~100分：你是一位伟大的"梦之队"教练，已为获得冠军做好准备。

80~89分：你是一位优异的教练，对你的团队和你的技能做出了很好的调整。

70~79分：你是一位可靠的教练，不要停下来，继续在工作中发挥优势，努力更上一层楼。

60~69分：你的队员们开始像一支团队一样相处，还须要不停地学习和构建。

60分以下：你还有很多工作要做，但不要气馁，就从现在开始使用本章提到的方法建立团队，提升你的执教水平。

第九章
领导者的光辉时刻：互增价值

《根》（*Roots*）的作者亚历克斯·哈利（Alex Haley）在他的办公室里挂着这样一幅图——一只乌龟坐在篱笆顶上，以此来提醒他多年前吸取的一个经验教训："如果你看到篱笆顶上的乌龟，你就会知道它背后曾得到过多少帮助。"哈利这样解释："每当我开始自我沉思'哇，我做得多了不起！'时，我就会盯着这幅画，警示自己：那只乌龟——也就是我——是如何爬上篱笆顶端的。"

受过培训的领导者和其导师都会犹如那只乌龟一般。他们曾得到过很多帮助，才到达"篱笆"的顶端。在培训和发展领导者的过程中，新领导者和其导师双方都会得到提高并增添价值。

对人才的培育能够改变所有参与者的一生。

为一个人增添价值并不仅仅在于个人价值的提升和团队的改进。毋庸置疑，经过培育的人员是会得到提升的；同样，当团队的领导者开始致力于栽培他人时，该团队亦会得到改善和拓展。但是增加价值所包含的意义远不止于此，它能够丰富人们的生活内容，还能扩展人生意义和个人能力。对人才的培育能够改变所有参与者的一生。在《发现人之最美》（*Bringing Out the Best in People*）一书中，艾伦·麦金尼斯（Alan McGinnis）提到："在这个世界上，再没有什么比协助他人更崇高了。"正如我在第四章中提到的，爱默生曾说过："当我们帮助他人时，自己也总是受益的。"

为新领导者增加价值

多年前,当我还身兼教会和企业两个领导职责时,为了说明接受和增添价值的概念,我对企业领导者进行了分析调查。所选取的例子并不一定是最好的,但却是我最为熟悉和了解的企业。为了检查我为企业领导者所增添的价值,我听取了其中10个人对此问题——我为他们增添的价值和我从他们身上受到了哪些启发——给我的反馈。

以下是他们的回复概述。当然他们说了不少好话,但这并不是我要将他们的回答公之于众的原因。我想借此,用这些具体详细的实例来说明栽培一个人的成果是清晰明确的,而且随后还能影响其他人。(在第十章中,我将介绍这些人是如何将培养过程推己及人的。)因此,如果你也投入时间培养周围的人才,你就会发现他们的反映也会像我身边的人一样。

1.榜样作用

在我的企业中,大多数领导者都认为,我对他们的榜样作用是最重要的。其中有一位成员说道:"你为企业树立了榜样,从不要求他人做你不愿意做的事。这种榜样作用不断激励我尽力做好自己的工作。"领导者身先士卒的精神对企业有极其重要的推动作用,因为这样做不仅能让员工知道你的期望,而且还能够让他们知道这样的期望是可以实现的。

企业中的成员认为，我最重要的榜样作用之一即是孜孜不倦地寻求自身的发展和成长。当他们在我身上看到这一点时，他们便会意识到其重要性。很快，他们也会将这一点纳入到自己的人生信条中。即使他们明天离开，也依然会不断成长，因为它早已成为他们生活中的一部分。

2.卓识远见和谆谆教导

每个成功企业中的领导者都会为其成员铸造发展愿景。我经常会确认周围的员工是否了解我的发展愿景，因为唯有清晰的目标，才能让我们有的放矢，进而一举夺魁。一名员工这样评价道："他的卓识远见，让我避免成为井底之蛙。"另一位员工则表示："他不仅高瞻远瞩，而且还为我们提供了谆谆教导。与他共事，我才会知道我的事业没有偏离目标。"伯特·纳努斯在《愿景导领》（*Visionary Leadership*）中写道："没有什么比一个有吸引力、有价值、可实现的发展前景更能驱使企业迈向卓越而远大的成功。"

拥有明晰的愿景并与员工分享，不仅能推动企业的发展，而且还能对个人的成长有所启迪和善导。当员工为企业的宏图伟业而努力奋斗时，他们对自身的发展前景也会越来越明确。当前景日趋明朗时，方向感也会更加清晰，同时他们的人生也会更有意义。

3.激励和认可

每一位给我反馈的员工都认为他们因我而受到了鼓励。这使我十分欣慰，因为我最大的期望就是让他们知道我爱他们，并希望他们做到最好。一位员工说："他给了我鼓励和肯定。在这一点上，他是我一生中所见到的最好的人。有时我会碰到一些表现不是很好的人，但他们同样认为约翰是爱他们的。"另一位员工则说："他关心过我，而且我相信他是发自内心地为我着想。他想要我成功。他的肯定态度和激励让我明白，我若有所成就他就会很高兴。他很关心我的家庭，因为家庭对我来说是最重要的。"

我们在社会中缺乏鼓励。每个人都渴望得到鼓励，但却事与愿违。而我周围的人感到深受鼓舞的原因主要有两个。首先，我会花时间去了解他们并与他们建立良好的关系。我知道他们是谁、来自哪里、配偶是谁、他们的孩子是谁。我熟知他们的天赋和理想，我真正地了解他们。其次，我爱他们，而且会定期让他们感受到我对他们的关心和爱护。我所指的并非是简单地赞许他们的工作，而是要让他们知道我对他们个人的关怀和爱护是首要的。这种人际关系基础是无可替代的。如果你要培养人才，就必须以此为基石。即使你什么都没有做，只是去了解你的员工，爱护和接受他们，就已经增加了他们的人生价值。

4.信任他们

我所花时间培养的大多数人都非畏首畏尾之人，在遇到我之前，他们都很有胆识。然而，即使是自信满满的人也要继续鼓励。有一位员工写道："约翰常常在路过我的办公室时进来看看我在做什么，肯定我的工作并一再表示出对我所做工作的欣赏。他会激励我做自己梦想已久的任何事；鼓励我承担之前从未处理过的工作，不断提升自己的能力。"

在《制胜的态度》一书中，我详细阐释的观点之一是：人们不可能长时间地以自我评估不一致的方式来行事。无论人们面对的是顺境还是逆境，事实都确实如此。相信自己能够成功的人即使身处逆境中也仍然会坚持信念，勇敢向前；然而其他人虽然条件优越，但终究都以失败告终，因为他们总是将自己视为失败者。

我了解自己企业内的领导者，相信他们，激励他们并帮助他们得以成功，加强他们的自信心。我会不断尝试努力帮助他们赢取更大的胜利。因此，信任他们，他们便会斗志昂扬，不负众望，争取达到你所期望的水平。

> 信任他们，他们便会斗志昂扬，不负众望。

5.敢于尝试新事物

我的企业中的一位领导者说："他给予我信心让我敢于冒险。而且从始至终，他都对我抱有积极诚挚的信任。"人们对自己充满信心的重要原因之一就是他们愿意尝试新事物。当人们在熟悉的环境下舒服地做事时，就会变得墨守成规、停滞不前。只有敢于挑战，才能完成他们认为不可能的事，随后便能够获得意料不到的成功，人也会变得比想象中更强大。冒险所伴随着的成长也会为人生带来难以置信的价值。

6.个人的培养

留出时间培养我周围的人已是我的习惯。有一位领导者说："这十多年来，你一直在有目的地指导和帮助我。"我抽出时间聆听领导者的建议和忠告，帮助他们克服困难，并安排时间定期对他们进行培训。一些领导者认为我每个月给他们做的领导力指导非常有益。另外一位领导者更是分享了我与她的经历，她说："他总是希望身边的人能分享他所得到的好处和机遇。"

> 寻找机会将自己的所得与员工们分享。

我尽力拿出更多与员工分享，除了花时间与他们在一起，就是给予他们引导。如果我拥有宝贵的经验，便会与他们共享。例如，之前提到的那位成员说，在我的帮助下，她如愿地与全球最大教堂的牧师曹博士（Dr.Cho）一起在韩国共进早餐。另一位成员则一直梦想着能与比利·格雷厄姆（Billy Graham）见面。当我有幸拜见这位伟大的传教士时，我便带上了那位成员，让他也可以分享这次难得的机会。上述两次经历令这两位成员兴奋不已，但我每日与他们分享的较为平常的成长经历对他们也是有帮助的。我一直在寻找机会将自己的所得与我的员工们分享，你也应该如此。

7.对个人成长的许诺

到目前为止，你已明白个人成长对一个人的成功是多么重要，它为人生增添了最伟大的价值。以下是我的企业中的一位领导者对我的评价：

> 无论投入成本多大，约翰都会尽心竭力地去提高个人和企业的素质。因为他生活在最前沿，总是希望生活能不断进步、充满挑战。他给予我活力、动力和勇气，助我解决棘手的问题，教我永不满足于现状。为了不断地进步，约翰有时须解雇某个人，也要对他人说"不"，还要安排自己的工作和生活。他愿意为做一名伟大的领袖而付出寂寞孤独的代价！

正如她所指出的，在我的企业中，我并不是唯一一个为个人发展付出代价的人。我周围所有的高层领导者都在日复一日地追求成长。就算明天我辞职，他们仍然会不断付出努力，继续进步。像沃尔特·李普曼（Walter Lippman）所言："领导者的终极测试是他能否为其他人留下坚定的信念和继续奋斗的意志。"

8.授予权力

我发现当你为企业成员提供了机会、自由和安全感时，他们就会鼓足干劲。我为领导者提供机会，让他们为企业开创一番新景象；给他们自由，让他们充分发挥创造力和积极性来实现新目标；让他们知道即使事与愿违，我也会给予他们安全感，在背后支持他们。另一位员工说道："您确保会尽您所能帮助我，这给了我安全感和自信心。"我喜欢看到企业中的成员获得成功，所以我创造条件让他们实现愿望。

我发现当你为企业成员提供了机会、自由和安全感时，他们就会鼓足干劲。

授予员工权力并非易事。对于被授权的领导者而言，你必须在考量企业最大利益的同时，平衡自身的需要与被授权领导者发展之间的关系。我的企业中的一位领导者将此命名为"绳索原则"（Rope Principle）：

> 约翰总是给我们留有足够的余地，让我们完成工作，但绝不会给我过多的权力，使我高高在上……他还运用"绳索原理"来平衡个人发展与企业利益间的关系。在此过程中，如果有成员能从中有所收获或得到发展，他会多花一些时间去等，但绝不会任随这种权力泛滥，发展到损害企业整体利益的地步。

我所调研的其中一位领导者将授权视为最能够为领导者增加宝贵价值的特征之一。他说：

> 动力、信任、指导和其他特质都可以将一个人内在的潜质挖掘出来。而授予他人权力则会让他另有一番新的开始，但是权力通常是不能独立存在的，它需要重大的责任

与之相伴。如果动机不纯，领导者就会牺牲企业及其他人的利益，从个人利益出发进行授权。而约翰总是将企业及每一位成员的利益置于自身利益之上。

为你企业中的成员增加新体验，不仅能使他成为一名更强有力的领导者，而且还能够让他接受下面所列的价值观。

9.成为伟大事业中的一员

一个人若想使其人生更有价值、更有意义，就必须将自己投入到更广阔的天地中。我鼓动周围的人去追求一种具有永恒意义的生活，不要只图一时的风光。我希望企业中的每一位成员都能成为"天生我材必有用"的人——充分发挥其潜质。

在Injoy公司中，与我最亲密的一个人说过一句让我备受鼓舞的话。他说："与我一个人独立奋斗相比，和你在一起时，更能让我有所作为。"这就是为他人增添人生价值的最大回报之一，也就是"滴水之恩，涌泉相报"的道理。

> 一个人若想使其人生更有价值、更有意义，就必须将自己投入到更广阔的天地中。

我培育的领导者为我增值

如果我为企业成员增添人生价值时没有得到任何回报，我依旧还会这样做。然而，无论我付出多少，我得到的总是要比付出的多。这看上去简直让人难以置信。

在企业担任领导者的这些年里，我发现所有的员工都可分为两大类："拿"薪水者和"挣"薪水者。前者总是想尽量少干活就能将薪水拿到手；后者则是全力以赴地努力工作，而且干的活总是比拿到的薪水多。我还发现愿意接受培育的人都是"挣"薪水者。你可以从这两类人的说话中看出他们的差别所在：

"拿"薪水者	"挣"薪水者
我能得到什么？	我能付出什么？
要付出什么代价才能拿到？	无论付出什么，我都会将工作做好。
这不是我的职责。	无论是什么工作，我都可以帮助你。
应该由其他人负责。	这是我的责任所在。
怎样能给他人留下好印象？	团队整体怎样做才能给他人留下好印象？
能不能混过去？	我是否已尽力做到最好？
我工作只是为了那张薪水单。	薪水单是我工作的副产品。
在这里工作，我是否有所改善？	在这里工作，我是否能让团队整体有所改善？
先拿钱，后工作。	先工作，后拿钱。

以下是我的企业中的领导者为我增加的一些具体价值。他们根据我所寄出的备忘录做了回复，下列清单中所列举的内容则是他们所认同的价值。在这其中我又增加了"天赋互补"一栏，这是他们没有特别指出，而对我十分重要的一项附加价值。

1.忠诚

我的企业中的大多数领导者都将对我和对企业的忠诚视为对我尊重的一项特征。其中有人开玩笑地说："虽然我可能不会这样做，但我愿意考虑为他冲锋陷阵！"其他人则表示因为他们信任企业，所以愿意保护企业的利益，愿意为我分担一些压力，使我不必事事亲为。对此，我非常感激。

我也意识到这些领导者的忠诚来源于他们对企业的信任和对团队的使命感。我周围的人一起工作时可以把工作完成得很完美，而且好像经常都在随时准备着全力以赴地完成工作。他们总是将企业利益置于个人利益之上。

2.激励

激励他人的同时也能使他人鼓励你。其中我的企业中的一位领导者写道："我认为有必要不断地激励约翰。因为我坚信，我们所有人都需要时刻激励。而他在这个领域内更是堪称典范，同时也让我在这种互相鼓励的过程中得到了极大的快乐。"

我天性积极，所以遇到挫折也不会沮丧。但由于日程经常安排得很紧凑，有时也会感到疲倦。此时，我的员工依旧会默默地支持我、鼓励我，而且还会尽其所能地分担我的工作。

3.个人的咨询和支持

培养领导者所得出的有价值的结果是：你能够获取他人的建议和咨询。我就从企业领导者的知识和智慧中受益匪浅。他们中有的人说:"我知道我能够与约翰分享和交流我的想法,即使我知道有时他与我的意见可能不一致,我也不用做一个唯命是从的人。"我喜欢聆听领导者的见解和观点,并且我也尊重这些直言不讳者。事实上,和我意见相悖者的想法往往更能给我启迪。另有一位领导者说:"我相信约翰知道,我随时都可以投入到他所要求和期望的领域中,为他建言献策。同时,他也希望我能百分之百地支持他。"我非常感激员工给我的支持和忠告,这对我的生活产生了难以想象的影响。

4.跟进后续工作

我的身边有一支伟大的团队,我称他们为"关门者"。这样称呼他们是因为我可以将一项任务或项目放心地转交给他们,而且还能知道他们将跟踪落实这些工作,就像有责任心的人会把身后的门关好一样。他们替我将想法付诸实践,完成项目,处理细节问题并为我排忧解难。与此同时,他们还会在我铸造的愿景范围内,充分发挥想象,实施自己的创意。他们不断推进企业的发展目标。正如他们中的一位成员说的:"我为你分担部分工作,让你抽身出来做更重要的事。"

这些领导者所做的工作对我和企业而言都极其重要。工作必须要做,而且他们正好也对此工作游刃有余。每当面对新任务、项目或活动时,我都会经常问自己,"企业中是否有其他人能胜任这项工作?"如果是,我就委派他去完成,再让其他人跟进此工作的后续进度。这样,便产生了我周围的人给予我的下一个积极影响和价值。

5.时间

我的企业中不乏能干、高效的领导者。部分原因是我投入了时间培养他们,所以他们能替我和企业做很多事。这让我有了更多的时间去处理一些其他人做不了或做不好的工作。正如企业中的一位成员说道:"我使他有更多的时间去做他最擅长的事,如教育、领导、宣传及激励等工作。"时间是最不可思议的礼物。周围的人为我挤出时间，让我不用整天应付那些急事，这样我便可以完成重要的工作。

6.天赋互补

如所有的人一样，我也有优点和缺点。我已通过个人的成长和提高，改正了不少缺点。但还有其他缺点，尤其是性格方面，仍有待改善。我周围的人用他们的天赋帮助我弥补了自己的不足，增添了自身的价值。

我天性活泼、精力充沛。我喜欢促成事情，并且也一直向着这个方向努力前进，但却从不善停下来仔细思索自己之前做过的事。例如，当我还担任圣地亚哥地平线卫斯理教会的高级牧师时，每周日都会为教会成员讲道。有好几次我本可以用同样的内容为本教堂之外的信徒演讲，或每个月通过Injoy公司将这些演讲内容和刻录好的课程磁带寄给各位领导者，但每当我做完周日的布道后，就将其搁置一旁，开始另一项工作，从未反思回顾过上一次的演讲内容。这是一点不足之处。

幸好，我培养的这些成员帮助我弥补了这方面的不足。十多年来，在我布道之后，我的一名助手就会在星期一问我一些问题来帮助我回顾此次的内容，然后将我的讲解摘录后归档，以备日后查用。

7.吸纳人才

为了持续发展和壮大，一个企业必须要不断吸纳新型的高素质人才。在第三章中，我已分享过这样的心得：让领导者发掘并招募有潜质的领导者是十分重要的。虽然我抽不出更多的时间去处理这方面的事，但企业中的其他领导者却可以组织这些事。他们不断地提拔新领导者。与其他企业的领导者不同，我从未有过在须要聘用领导者时发现无人可用的尴尬情形。

8.人才的培养

我调查过的每一位领导者都将培养他人作为自己首要的任务之一，并将此视为自我增值的途径之一。他们明白培育领导者比其他事务更有价值。对于培养人才，一位领导者写道："筛选、培育和发展他人，爱护他人，指引他人是我所热衷的事。"另一位领导者说："按照他所教的那样要求和教导他人，例如，为他人的成长提供环境等，就能够为他的领导团队增加深度。"企业中的领导者所培养的对象并不只局限于他们周围的成员，还包括他们自己在内。他们都一直在致力于自己个人的进步，正如其他领导者评论道："为了企业的发展和其影响力，我坚持努力改善自己的性格。"而他通过自己的发展不断给周围的人营造积极的影响，包括我。

9.提升影响

归根结底，发展周围的领导者可以帮助你提升影响力。在《中层领导力：自我修行篇》一书中，我自认为对领导力给出了最恰当的定义：领导力即影响力。我调查的一位领导者说道："那些因为你没有时间或人数过多而使你无法按照既定计划接待的信徒，让我代表你接待吧。"我所领导的教会星期日繁忙时会有近4000名信徒莅临。如果要与他们每个人做30分钟的单独会谈，那么我一天要接待10人以上，一年52个星期，每周7天，每天6小时，一天不缺，一个不漏，这样要用一年，才能将一个星期日到卫斯理教会的信徒全部接待完毕。没有人能做得到这样的事。

然而即使我不能亲自接待每一位信徒，我仍然可以通过我的领导者团队影响他们。他们分散开来，与上百名信徒接触，而且还在信徒中发展各自的领导者队伍，让这些领导者再去跟更多的人接触。随着我个人的不断进步，以及对他人的培养，我的影响力也随之扩大。如果在有生之年，上帝能够赐予我所期望的寿命，那么我就能为1000多万人创造积极的影响——这不是我独自一人能做到的,而是需要我所发展和培养的领导者们来共同完成。正如Injoy的一位高层领导者所说:"我为他提供了提升影响力的途径,这是他孤军奋战所无法做到的。"

　　如果你是培养领导者而不是跟随者,那么他们也会为你做同样的事,而且还会像我的一些领导者那样继承你的传统。本书最后一章将讲述我所培养的四名领导者是如何尽其所长,成为一流的领导人培养者。

第十章
领导者的不朽贡献：再造下一代领导者

1960年，约翰·肯尼迪在竞选总统的一次电视演讲中曾说过："现在正是新一代领导者的时代。"可能除了肯尼迪——20世纪出生的第一位总指挥官之外，还没有哪一位总统比他更清晰地意识到：国家需要不断有新一代的领导者涌现。他担任国家元首期间，美国正处在一个剧烈动荡年代的边缘。

正如我在《中层领导力：自我修行篇》一书中所阐述的，大多数人都认为每一位新领导者都是天生的而非培养出来的。他们认为，新领导者一出生就是领导坯子，他们只须等到适当的年龄坐上他们的位置便可。结果，很多领导者都只是愿意造就跟随者，希望新领导者能适时出现。但他们却不知道他们正在扼杀自己及其周围人的潜质。

正如我之前说过的，只会造就跟随者的领导者，其成功也只局限于他个人所直接影响的范围。当他不再担任领导者时，他的成功也会随之结束。相反，懂得培养其他领导者的领导者，其影响力则会倍增，这样他和他的团队才会有未来。即使他个人无法再继续担任领导者的角色，他的企业也依旧会蓬勃发展。

作为领导者的你或许已经遵从本书的指导，创造出了适宜的环境并对发掘出的有潜质的领导者进行了培育、补给和发展，建立起了一支伟大的团队，学习如何培训他们。至此，你也许会认为你的工作已完成。但事实却非如此，还有一项更为关键的任务，也是领导者培养其他领导者成功与否的真正检测——你所发展的领导者必须继承发展的传统，培养出第三代领导者。如果他们无法完成，那么发展进程就会在他们手中停滞。只有当每一代领导者都能持续发展下一代领导者并教给他们发展领导者的价值和方法时，才能称为真正的成功。

> 只有当每一代领导者都能持续发展下一代领导者时，才能称为真正的成功。

我将自己的大半生都投入到发展领导者的工作上，同时他们也造就了新一代领导者。顺便提一下，在他们所发展的新一代领导者中不乏年龄比他们大的长者。事实上，多年前，我所花时间培养的大部分领导者都比我年长。当我还是二十几岁的年轻人时，就已经开始投身于发展周围领导者的事业中。

潜在领导者的特征

大多数领导者都以为他们只能培养在个性、气质、天赋等社会经济背景上与自己有相似之处的人，这种看法显然是不对的。领导者可以培养发展各种不同类型的人。当我还在卫斯理教会担任牧师时，有四名成员的发展事例是我认为在领导力培训生涯中最成功的。虽然发展他们每个人的要求不同，但是他们还是被培养成功了，而且还为我的生活增添了巨大的价值——比我家庭之外的任何人都多。他们每个人不仅帮我减轻了工作重担、扩大了我的影响力，还特别成功地继承了发展周围领导者的传统。

对领导者的培养者而言，这四个人的表现都给我带来了不同的挑战。他们的经验水平参差不齐，性格各异，彼此各不相似。有的人已经熟知技巧，而有的人一窍不通。但抛开这些差异，他们都有能力成为领导者，也能够再去培养其他领导者。我发现，一个人要想成为领导者就必须要具备以下三个条件。

1.雄心壮志

成为领导者的能力始于雄心壮志，这是所有培养者唯一不能提供的。雄心的大小在很大程度上决定潜在领导者的进步速度。强烈的雄心壮志能够弥补领导者天生的诸多不足。

2.人际关系技巧

在我的一生中，还从未遇到过不善交际的领导者。这类技巧是领导力中最重要的能力。缺少这些，就无法成为高效的领导者。很多人认为人际关系技巧是天生的，而非通过学习所得。其实事实并非如此。虽然人们的不同性格会是他们倾向于用独特的方式与人交往，但这并不会影响其人际关系的优劣。即使是最内向的忧郁型性格的人也能学会良好的人际关系技巧。对于每一个人而言，人际关系技巧都是可以习得和提高的。

人际关系技巧是领导力中最重要的能力。

3.实践领导力技巧

关于这些领导力技巧，人们可以从你的示范、培训和发展中获得。当然，也要通过学习才能掌握。

当我首次与以下要介绍的这四位领导者接触时，虽然他们各自都掌握了不同的领导力技巧，但相同的一点是，他们都有远大的雄心。

跟随者变成领导者

已做了我11年的个人助理芭芭拉·布伦玛金(Barbara Brumagin)，起初是一名极其称职的秘书，工作勤奋、乐于助人，但却没有领导过他人。这一点在她的个性中本不具备，而且也从未被很好地栽培过。她一直以来都在扮演跟随者的角色，但我看得出她有很大的潜质。更重要的是，她也极其渴望在此方面有所发展。

当我第一次到卫斯理教会，正要寻找一名助手时，教会的一位牧师向我推荐了芭芭拉。我们开始在一起讨论职位时，我问她答，她并不善于沟通，甚至可以说略有些笨拙。我马上随机应变，转为"说"的一方：向她展示我为教会、为自己、为她设定的目标和愿景。听了几分钟后，她便开始与我交流。我马上看出她能够胜任助手之职，于是就聘请了她。后来我才发现，她来面试其实是有悖初衷的，因为她料想到在教堂当秘书一定是无聊沉闷且没有发展前途的。对她而言，学习和成长才是她的兴趣所在。芭芭拉在随后的工作中像一块海绵一样，取得了很大进步。

对芭芭拉的栽培过程很缓慢，她花了两年时间才真正对自己的职位有了信心，并且开始在工作中展示她的领导才能。我亲自示范领导力技巧，让她接触教义，我们在工作中相互影响。我也会经常留意向她解释我要她做什么，而且告诉她这样做的原因。她曾经告诉我："我感觉自己每天都在进步。"在我们共事几年后，她已对我十分了解，因而能替我解答任何问题或者如我一般的做出决定。我们曾经做过一次性格测试。我们回答同一份测试题，将她推测我会如何回答的答案与我亲自回答的答案相比对时，才发现她只有两个问题的答案与我的不同。她很快指出，这两个问题中有一道题的答案是我弄错了题目，而她回答的才是对的。

在你准备培养的人当中可能会有像芭芭拉这样不具备领导天赋的人，那么在培养他们期间你就要牢记以下几点。

1. 保持积极乐观的环境

必须为不具备领导能力的人创建一个积极的、有益于他们发展的环境。没有这样的环境，他们就会惧怕成长；有了这样的环境，他们则愿意去学习，去尝试新事物。提供这样的环境，让他们留在你身边，这样他们才能开始学习你的思维方式。

2. 展现你对他们的高度信任

天生不具备领导才能及没有领导经验的人常常容易气馁。因为他们之前从未做过领导者，所有难免会出错，尤其是刚开始时。他们的发展可能会是一个漫长的过程。如果你能展现出对他们的高度信任，他们就会深受鼓舞而继续坚持，即使是面临棘手难办的问题。

3. 授之以权

起初，跟随者都不愿承担领导者的角色，因此领导者必须授权予他们。开始时先陪他们共走一段路，并且以你的名义授权给他们。久而久之，其他人就会对这些新领导者有新的看法，而这些新领导者对自己的看法也会随之发生变化。最后，人们会开始认可他们的权威。

4. 发挥优势

在你开始培养新领导者的过程中，最关键的一点是：从发挥他们的优势入手，引导他们进入领导角色。因为以前他们很少有成功的领导经验，所以更加需要在这方面体会到成功的滋味。这样做不仅能够加快培养进度，而且新领导者也开始拥有动力。

当你打算培养跟随者去做领导者的时候，就要投入更多时间和精力，这可能会减慢你的进度。或许你想过暂停对他们的培养，但永远不要放弃，因为放弃可能会酿成大错。在培养芭芭拉的例子中，虽然开始时只花了一点时间，但是后来她为我服务了11年，不仅将这点时间补偿予我，而且还将自己所学传授给了其他人。

管理者变成领导者

当我在印第安纳州举行的领导力研讨会上第一次结识丹·赖兰时,他还是一名神学院的学生。丹曾经是卫斯理教会的成员,因受到牧师的影响而去读了神学院。这些是在我担任高级牧师之前的事。随后,在我任职于教会的第一年里,他便回来当了一名实习牧师。

丹的发展过程很有意思。他聪慧、博学,而且在神学院里一直是名好学生。他常被推荐参与学校活动的主持工作,还担任过班级的主席。尽管拥有良好的素质,但他仍然不是一位领导者,只是一位杰出的管理者。

管理者的想法与领导者截然不同。管理者倾向于关注任务和制度,视野狭隘,有时较为武断。最主要的原因是他们只会孤立地看待问题。丹通常只关注手上的工作和任务。虽然勤奋,但却将任务看得比人更重要。记得有一天,我们几个人在办公室门口聊天,丹从我们眼前一路走过去,一个字也没说。为此我觉得有必要和他进行一次严肃的谈话,否则他无法在我的团队中有所成就。

因为丹知道我相信他而且真挚地关怀着他,所以我们能一起坐下来讨论人际交往技巧的问题。出人意料的是,我发现丹其实非常热爱周围的人,而且在心底里也期望与他人融洽相处,但他的行动却没有准确地诠释他内心的想法。与他共事的职员并不知道其实他是多么地重视他们。从那时起,我便开始利用额外的时间培养他作为一名领导者如何与他人交往的技巧。我教他从人群中慢慢走过,跟大家打招呼,而不是为了完成任务径直地从他人身边走过。现在,正如我在第三章中所提到的,丹已经是卫斯理教会的行政牧师了,而且对我的帮助非常大。与他人的交际能力已成为他的强项。他认为这为他的领导才能奠定了基础。

如果你将要培养的潜在领导者中有这样的管理者,那么你的目标就是帮助他们培养更好的人际交往技巧,改变他们的思维模式。你在教授跟随者成为领导者时,要放慢步伐;而在帮助一名管理者成为领导者时,则要完全停下来。因为有时你须要停下手中的工作,让那个人厘清你的思路,然后解释你为什么做这些事。你必须要时刻向他们展示大局全景,直到他们自己弄懂。

我发现所有真正的领导者在思考问题方面都有一些共同特征。

1.领导者高瞻远瞩

领导者总是要纵观全局,而且知道目标有多远大,成功就会有多伟大。正如大卫·施瓦茨(David Schwartz)所言:"谈及成功,人们不会以高矮胖瘦、学历或家庭背景来论英雄,而是以他们的雄心壮志来定论。我们的目标有多远大,成功就有多伟大。"如果你能够不断地向所培养的人员展现你的雄心壮志,不断强调它的可能性,而不是其困难挫折,那么在你的熏陶下,他们也会开始高瞻远瞩,树立自己的雄心。

目标有多远大,成功就有多伟大。

2.领导者考虑他人

领导者不能只关注自己和个人的成功,还要想想团队和他人的成功,要有一套为他人着想的思维模式。要培养他人,就必须教他们如何促进其他人进步、培养他人以及与他人共事。

3.领导者不断思考

领导者喜欢出新主意，考虑开发新资源，思考如何改进、如何充分利用时间和资金。不断地思考可以让领导者持续地拓展自己和其团队。当你培养领导者时，要将这种思维作为示范，并通过提问来推销这种思维模式。

4.领导者思考问题的根源

当其他人被细节牵绊住时，领导者则会去寻找问题的根源。如果你经常要求所培养的人思考问题的根源，那么他们很快便会明白你的用意。最终，就算在无提示的情况下，他们自己也会开始这样思考。

5.领导者的思维无拘无束

不担任领导者的人都会很自觉地受束于他人制定的条条框框中，或许这是孩提时代的教育所致。小时候做游戏时，孩子们都会被告知不许超出所画的边线。相比较而言，领导者就更富有创造性。他们会寻找选择和机会，尽力把事情推向新的方向发展或跳出诸多束缚。进步和创新只属于思维无拘无束的人。

进步和创新只属于思维无拘无束的人。

6.领导者思考无形的事物

领导者都是抽象的思想家。他们思考的事物都是无形的，如时间、道德、态度、动势和氛围等。他们会透过现象看本质，能预料到他人无法料想的事。

7.领导者思维敏捷

领导者能够快速掌控全局并且马上做出决断。他们之所以这样做的原因有两个：第一，他们能做长远打算，考虑全局；第二，他们不断摄取信息以便帮助他们快速做出决策。

正如丹现在发展成为一位领导者后，能够替我减轻工作重担，直接领导卫斯理教会的13名牧师，以及手下的40多名员工。但是丹所做的远不止此，他最擅长的地方在于发展他人。自1987年以来，丹每年都能筛选一小部分人员进行个人发展，他已与50多人一起共事过并曾培养过他们。

丹对领导者的发展过程有系统性和战略性的理解。他一直在发掘有潜质的领导者，而且他把自己视为避雷针，能够抓住和聚集他人发展和成长所需的能量。对他而言，他认为自己的工作是有效的，因为他一直都牢记着发展领导者的愿景。他已将发展培养他人作为自己的生活方式，而且还定期更新自己的承诺。在整个发展进程中，最关键的是人际关系。他说，他所培养的这些人之所以最终能成为领导者都要系于彼此关系的发展、所获得的培训以及同心协力的合作。在整个过程中，维持各环节顺利进行的就是人际关系——这也是他进步最大的一个方面。

改变领导风格的领导者

当我聘用谢里尔·弗莱舍（Sheryl Fleisher）时，就知道她是一位能力很强的领导者。她拥有愿景，能够做出艰难决策，而且有原则，但也有一点独裁专制和固执己见。她是领导者，但却忽视了领导力中的人际关系。她认为自己是"以任务为本"甚于"以人为本"。

当她与一位能力欠佳的同事共同处理复杂棘手的问题时，弗莱舍发展的转折点便来临了。她说自己的做事方式"在策略上幼稚，在人际关系上愚蠢"。在这件事发生以后，我跟她坐下来谈论过一次，我表示支持她而且也相信她，不过如果她希望在团队中取得成功，就必须要有发展，要改变她的领导风格。现在，她不仅能够成为团队的领导者，而且还是其中最出色的领导者之一。

对于弗莱舍而言，我的目的并不是改变她的性格，而是改变她的工作模式和领导方式。她依靠机制和职位建立起领导权威，而我却希望她能成为一位与他人多交流、主动给他人自主权的领导者。虽然有好几次我都不得不停下手中的工作，与她一起跟踪回溯过去后再次培训她，但这绝对是值得的。任何时候如果你希望改变一位领导者的领导风格，那么就必须做到以下这几点。

1.示范更好的领导风格

你首先必须要做的是为他们展现更好的领导风格。如果他们看不到更好的方式，他们就会永远坚持自己的方式。

2.指出他们的错误

观察他们以便找出他们出错的地方。如果你不清楚他们应该在哪方面做出改变的话，那么你也帮不了他们。

3.帮助他们改变之前要先征得许可

如果他们拒绝做出改变而且也不允许你去帮助他们，那么你所有的努力都将付诸东流。当他们处处碰壁不得不改变的时候，当他们有充足的学识想要改变的时候，当他们接受足够的培训有能力改变的时候，他们自然而然会同意你去帮助他们。

4.向他们展示如何由此及彼

即使当他们意识到要做出改变，即使他们需要、希望做出改变，他们也可能没有能力去改变。因此，要耐心地由浅入深地指导他们。

5.给予即时反馈

因为可能要帮助他们摒除恶习，所以你必须马上对他们的行为做出回应。学习新知识总是比忘记纠正错误更容易，这是我在更正高尔夫球挥杆姿势时得到的教训。当你重新培训他人去做一位与他人多沟通、多交流的领导者时，要及时反馈他们做得好和不好的地方。

随着弗莱舍的不断进步，她开始懂得用心去领导他人，于是她成为了一位优秀的领导人培养者。她将发展培养他人视为生活的乐趣。在她担任卫斯理教会人员发展部门的牧师时，也跟丹一样，时常在寻找要培养的人才。她会在需要培养的女性身上找寻以下素质：

忠诚：她们的行为须一致可靠，而且坚守承诺。
可塑：她们须亲自紧随其后，并且愿意进步。
积极：她们须好学，渴望成长。
可教：她们须接受她的指导和教育模式。
诚实：她们须坦诚，真心愿意培养他人。

弗莱舍和我曾经坐在一起探讨过培养人才的方式。我想她大概也记不清自己与多少女性一起共事过，但她非常注意她的指导对卫斯理教会的积极影响。她告诉我，她最高兴的事就是挖掘人才，与她们接触、爱护并接受她们，然后指导她们，将她们培养成一流的领导者。她希望让她们继承培养领导者的传统，这一点她也做到了。她提到一名她所培养的女性成员在一个房间里很快就能指出从弗莱舍这里开始接受培训和指导的六代领导者。这真是个了不起的成就。现在，她依然对柳溪社区教会（Willow Creek Community Church）的成员有着积极的影响。

优秀的领导者变成伟大的领导者

迪克·彼得森在遇到我之前就已经是一流的领导者。当我到卫斯理教会时,他是当时美国最顶尖企业IBM公司的经理。事实上,迪克是当时IBM美国管理阶层中最杰出的三名经理之一。如果他继续留在IBM,那么他下一步就会担任区域经理,随后就会晋升为副总裁,而且我确定他能成功。作为一名领导者,在美国他可能是数一数二的佼佼者。

在我进入卫斯理教会一年后,便邀请他加入了教会的委员会。我希望他能加入这个团队是因为我知道他对教会和我都会有很大的贡献和帮助,而且我相信他也能从此工作中受益匪浅。你知道,除了我的家庭以外,我花了大量的心思、时间和精力发展委员会的成员。与我有联系的成员中最杰出的领导者和最有力的影响者都是委员会的委员。

迪克在委员会任职期间,我投入了3年的时间培养他。我与他建立了良好的个人关系,并花时间培育他,不断激励他进步。有一次当我准备去达拉斯为一些人讲述如何大规模地培养领导者时,我把迪克也带上了。那次他与我们的讨论促使了Injoy的诞生。作为领导者,他顺理成章地援助并参与了Injoy的创建。开始时他以志愿者的身份为该团队办事,后来便向IBM递交了辞呈,正式进入Injoy工作。

培养一位已经很有能力的领导者,好处之一就在于能够给你动力。如果领导者必须"放慢步伐"来培养跟随者,"停止步伐"来发展管理者,"回溯工作"来改变误入歧途的领导者,那么你便可以"加快步伐"来发展优秀的领导者。其实他们只要在你周围就可以学到东西,通过自我实践得到提高,很多时候不需要你的引导和指点。

如果你有幸影响到一些强有力的领导者,那么开始按照以下方法发展他们。

1.让他们制订个人发展计划

大多数领导者都在不停地进步,但他们时常会缺乏一份个人发展计划。当你了解他们的优点、缺点、愿望和目标后,要坐下来为他们准备一份专门为他们量身定制的发展计划,然后定期鼓励他们,检查他们的进度,帮助他们做出调整。

2.创造机会让他们迎接挑战

当你感觉到能力欠缺无法应对工作时,你就会有最大的进步。这种情形最能够加快我们的进步,也能够带给我们更多学以致用的机会。当你对领导者做进一步的培训时,有计划地将他们置于艰难情形下,以加强和拓展他们的才能。

3.向他们学习

当我投入时间培养那些已经很不错的领导者时,我也能从中学到很多东西。只要你保持积极学习的态度,你也可以向其他领导者学到更多。

迪克的发展已经改变了他。之前他已经是一位能干的领导者了,而今已成为领导者的栽培者。对他而言,培养他人就如呼吸一样,必不可少。不然,他也就不再是他了。这是培养你周围领导者的关键所在。作为领导者,你必须要将培养他人看成是自己的生活方式。当你秉着这样的信念生活时,你的生活才会倍加成功。你的影响力也将会难以置信地扩大，以至于超出你的个人能力，而且你的未来也会开创新机。不懂得培养他人的领导者终有一天会在成功的道路上碰壁。无论他们做事多有效率、策略多周密，最后终将事倍功半。

我发现，在我的生活中的确如此：没有那些被培养者的帮助，我个人无法创造出比现在更多的东西；无法去指导更多的人；无法去更多的地方，举办更多的研讨会。尽管我精力充沛，但仍然有个人极限。现在，能让我多做一些事的唯一方法便是通过他人的帮助。任何一位领导者，只要吸取经验，懂得这一点，并使之成为一种生活方式，就永远也不会碰壁。

所以，我问你：你是否在培养你周围的领导者？

扫描二维码，关注读客图书官方公众号，更多约翰·C.马克斯维尔博士的书籍免费试读，更有机会参与活动，赢取免费实体书。

回复 三原则 试读西点军校和哈佛大学共同讲授的领导力教程，学学久负盛名的领导力三原则；
回复 21法则 试读马克斯维尔博士40年研究的集大成之作，掌握领导力精髓的21条法则；
回复 自我修行 试读马克斯维尔博士的首部领导力著作，探究领导力自我养成的秘诀。

《领导力21法则》
追随这些法则，人们就会追随你
一切组织和个人的兴衰都源自领导力

领导力不是一种与生俱来的天赋，它是一种可以学习掌握，并能逐步提升的思维模式，一旦了解其中的秘诀，任何人就能很快拥有领导力。

《领导力21法则》是全球第一领导力大师约翰·马克斯维尔博士40年研究的集大成之作。他以21条清晰的法则，彻底讲透了提升领导力的方方面面，将抽象的领导力概念以具象的方式呈现，是"任何时代的管理者必读的10本书"之一。

翻开本书，看马克斯维尔为你揭开领导力的秘密，如何透过21条法则，在任何场合影响和领导他人，成为无论何时都能被人追随的卓越领导者。

《中层领导力：自我修行篇》
西点军校和哈佛大学共同讲授的领导力教程
领导力源于持续不断的自我成长

提出了领导力的五个层次，总结了向更高层次进阶所需的十个步骤，为学习领导力提供了有效的方法。

全球第一领导力大师约翰·马克斯维尔博士，通过40年的研究，逐步揭开领导力的秘诀。无论是培养将军的西点军校，还是培养企业家的哈佛大学商学院，都聘请马克斯维尔博士开设领导力课程。《中层领导力：自我修行篇》即是该著名课程在自我成长方面的结集，出版十余年，风行全球，被奉为领导力自我养成的经典著作，也成为世界500强高管的必读书。

翻开本书，看马克斯维尔为你揭开领导力的秘密，如何通过10个步骤，提升自我领导力，成为一名真正的领导者。